Por amor ao sabor

DALTON RANGEL

Por amor ao sabor

As melhores receitas das cozinhas por onde andei

Fotos de *Luna Garcia*

Copyright do texto e das fotos © 2016 Dalton Rangel
Copyright desta edição © 2016 Alaúde Editorial Ltda.

Todos os direitos reservados. Nenhuma parte desta edição pode ser utilizada ou reproduzida – em qualquer meio ou forma, seja mecânico ou eletrônico –, nem apropriada ou estocada em sistema de banco de dados sem a expressa autorização da editora.

O texto deste livro foi fixado conforme o acordo ortográfico vigente no Brasil desde 1º de janeiro de 2009.

Preparação: Mariana Zanini
Revisão: Rosi Ribeiro Melo, Claudia Vilas Gomes
Capa e projeto gráfico: Rodrigo Frazão
Fotografia: Luna Garcia (Estúdio Gastronômico)
Agenciamento: 2mb Licenciamento, Marketing, Representações
Impressão e acabamento: EGB – Editora e Gráfica Bernardi

1ª edição, 2016
Impresso no Brasil

Dados Internacionais de Catalogação na Publicação (CIP)
(Câmara Brasileira do Livro, SP, Brasil)

Rangel, Dalton
Por amor ao sabor: as melhores receitas das cozinhas por onde andei / Dalton Rangel. --
São Paulo: Alaúde Editorial, 2016.

ISBN 978-85-7881-391-8

1. Culinária (Receitas) 2. Gastronomia I. Título.

16-07625   CDD-641.013

Índices para catálogo sistemático:
1. Receitas culinárias: Gastronomia 641.013

2016
Alaúde Editorial Ltda.
Avenida Paulista, 1337, conjunto 11
Bela Vista, São Paulo, SP, 01311-200
Tel.: (11) 5572-9474
www.alaude.com.br

*Quando resolvi me arriscar pela primeira vez na cozinha, eles estavam lá.
Quando passei por momentos de incerteza, eles estavam lá. Quando comemorei
momentos de prosperidade, eles estavam lá. Quando quis documentar as receitas
da minha vida neste livro, eles estiveram ao meu lado. Obrigado, mãe e pai,
por sempre me apoiarem e acreditarem sobretudo no filho que vocês criaram.
Todas as passagens deste livro aconteceram por causa disso
portanto nada mais justo que dedicá-lo a vocês.*

SUMÁRIO

Apresentação	8
Introdução	10
Entradas	15
Pratos principais	45
Para acompanhar	109
Molhos	135
Sobremesas	159
Agradecimentos	189
Índice	190

APRESENTAÇÃO

Falar do Dalton sem falar da sua família é impossível. O pai, Zezinho, como é conhecido no nosso meio, um *bon vivant* e apreciador de cachaças como eu. Já a mãe, Mônica, é uma cozinheira de corpo e alma, sendo a cozinha o palco onde nos apresentamos e criamos uma amizade sólida, que conta com vários anos de histórias e peripécias. O Dalton faz parte de meia dúzia de filhos (cozinheiros) adotivos que tenho no Brasil.

Os anos de amizade que criei com a família Rangel e o reconhecimento que tenho no meio da cozinha por ser duro e assertivo foram a causa do início da nossa relação. Faz mais ou menos uma década que fui surpreendido com um telefonema da Mônica, a questionar-me se o jovem filho irreverente poderia ficar uma temporada comigo em Lisboa. E aqui começa a nossa história, comigo a desempenhar o papel de pai adotivo, ficando o Dalton a viver em minha casa e ao mesmo tempo estagiando na cozinha. O nosso dia a dia era intenso, de vez em quando com umas porradas pelo meio, que causavam algumas fricções mas fortaleciam a relação.

Sedento de conhecimento e cheio de vontade de conhecer o mundo, Portugal foi talvez o ponto de partida para a continuidade das suas ambições, sendo este livro o reflexo das suas vivências, da sua persistência e do seu gosto pela cozinha.

Em Portugal, a palavra "puto" não é pejorativa; antes, pelo contrário, é carinhosa, e o Dalton é um puto com sorte. Primeiro por ter os pais que tem, que o incentivaram a fazer o que gosta, por ter tido o privilégio de viajar e adquirir experiência, tanto na cozinha como de vida, por todos os países por onde andou. Além disso, o Dalton é um puto afeiçoado, cuja presença no contexto social se faz notar pelo seu enorme carisma.

Tudo isto deu-lhe a possibilidade de traçar o seu próprio caminho. Hoje posso afirmar que o puto é bem-sucedido, faz o que gosta e mostra-o muito bem neste livro que, para além de receitas, é um marco numa jovem carreira, uma carreira certamente promissora. Mesmo como pai adotivo, não posso deixar de sentir um enorme orgulho no trabalho que o Dalton tem vindo a desenvolver.

Continua, puto, tens uma vida toda pela frente!

Vitor Sobral
Chef executivo e fundador da Tasca da Esquina e da Padaria da Esquina, entre outros restaurantes em Lisboa, São Paulo e Luanda

INTRODUÇÃO

Que a verdade seja dita. Preciso começar este livro fazendo uma confissão: até os 6 anos, eu não gostava muito de cebola, o que dificultava bastante a vida da minha mãe na hora de preparar as refeições da família.

Cresci em Visconde de Mauá, uma vila bastante simpática e aconchegante na região serrana do Rio de Janeiro, na divisa com Minas Gerais. Foi lá que minha mãe escolheu inaugurar seu restaurante, o Gosto com Gosto, em 1994. No cardápio, muita comida mineira boa: linguiça, lombinho, frango ensopado, filé de costela, truta, tudo muito bem temperado e, claro, com cebola. Mas, com o tempo, o meu paladar se aprimorou – ainda bem! – e hoje sei apreciar esse ingrediente, que é um dos mais utilizados no mundo inteiro.

A partir daí, meu interesse pela culinária só foi aumentando. Aos 8 anos de idade, por vontade própria, pedia para a minha mãe deixar que eu participasse do preparo de alguns pratos junto com a equipe do restaurante. Eu adorava fazer bolo com o Zico, um dos primeiros cozinheiros da brigada do Gosto com Gosto. Com ele aprendi o bolo simples da página 183, que pode ser incrementado com caldas, geleias e recheios. O PC era o cara dos biscoitos e tinha toda a paciência do mundo para me orientar e ensinar as primeiras receitas. O cookie de banana com aveia da página 167 é uma homenagem a ele.

Diversas outras receitas — e pessoas — marcaram essa época e fico muito feliz de dividir com vocês a releitura que fiz delas. É o caso da charlote da Silvia, do pastel integral da Marthinha, do feijão do Paulinho... Parte da minha inspiração para cozinhar vem daí.

Mas do que eu gostava mesmo era quando a minha mãe assumia a função de professora, era uma festa. Eu ajudava a preparar empadinha, pastel, doce de leite, entre outras delícias, e também o famoso angu com linguiça que é servido no restaurante até hoje. Todas essas receitas fazem parte da minha história, contam um pouco de quem eu sou, e por isso não poderiam ficar de fora deste livro.

introdução

E cozinhar não era algo limitado a quatro paredes. Quando ia acampar com meus amigos, era muito comum acendermos uma fogueira e montarmos com galhos um suporte para segurar a panela sobre o fogo. Nela, preparávamos o cozinhadinho da página 91, com arroz e frango, algo entre a canja e o risoto, que nos dava energia para as aventuras do dia.

As primeiras receitas que preparei sozinho, na cozinha do restaurante da minha mãe, tiveram raízes mineiras, como era de se esperar. Farofa, frango ao molho, purê de batata, purê de abóbora... Costumava reproduzir as receitas de que mais gostava, incrementando-as com um toque meu.

Aos 17 anos, entrei na faculdade de gastronomia, o sonho de consumo para um adolescente que já tinha certeza do amor pela culinária e da profissão que queria seguir. Fiz apenas um vestibular na minha vida, e a isso tenho muito o que agradecer: me lembro de ter passado mal de nervoso na hora da prova.

Vieram as aulas e logo me encantei com os molhos, essenciais até os dias de hoje para meu desenvolvimento gastronômico. Por isso, reservei um capítulo inteiro para eles. O espagnole, por exemplo, é a base para o demi-glace e o bordelaise; a partir do bechamel, é possível fazer os molhos de queijo.

introdução

Depois da faculdade, a vida me levou por diversos caminhos: trabalhei na Irlanda, em Portugal e na Tailândia, participei de competições culinárias na TV, tive meus próprios restaurantes, fui convidado a levar a culinária brasileira para o mundo. A cada um desses passos, minha vocação para cozinhar se fortalecia e eu me sentia mais e mais inspirado. São dessa época as BBQ ribs, as buffalo wings, os taquitos de camarão, o bacalhau com farofa de broa, a salada som tam, o peixe thai. Hoje me sinto realizado por poder dividir com vocês tudo o que aprendi.

Escrever este livro despertou memórias afetivas e gustativas muito intensas. Foi como se eu sentisse o sabor de cada pedacinho das receitas que foram emblemáticas para mim. Tenho o prazer de compartilhar com vocês as receitas que foram responsáveis pelo meu amor pela gastronomia. Espero que vocês gostem.

Um abraço,
Dalton Rangel

ENTRADAS

Que tal começar a refeição com o pé direito, ou melhor, com a mão direita? Para este capítulo, escolhi petiscos de dar água na boca, saladas com um tempero sensacional e clássicos reconfortantes de tirar o chapéu.

Para o pão

2 colheres (sopa) de azeite de oliva
extra virgem
1 dente de alho cortado ao meio
8 fatias de pão italiano
(2 peças por pessoa)

Para os cogumelos

100 g de cogumelo-de-paris
50 g de shitake
50 g de shimeji
2 colheres (sopa) de manteiga
2 dentes de alho bem picados
sal e pimenta-do-reino a gosto
1 colher (sopa) de cebolinha picada
100 g de queijo feta esfarelado
queijo parmesão ralado a gosto

BRUSCHETTA DE COGUMELO COM FETA

Em 2011, abri meu primeiro restaurante em São Paulo, o Emiglia. Uma das entradinhas mais requisitadas era esta maravilhosa bruschetta.

Rende 4 porções

1 Pincele azeite e esfregue o alho em um dos lados dos pães. Leve ao forno para aquecer. Importante: não deixe o pão muito seco ou crocante.

2 Desfaça os cogumelos na mão. Não gosto de utilizar a faca, pois acho que o contato com a lâmina tende a oxidar os cogumelos.

3 Em uma frigideira quente, coloque a manteiga e o alho. Deixe dourar e junte imediatamente os cogumelos. Nesse momento a frigideira deve estar muito quente, para evitar que os cogumelos cozinhem e soltem água. Queremos dar um aspecto de grelhado e tostado e manter toda a suculência dentro deles. Acerte o sal e a pimenta-do-reino e misture a cebolinha. Reserve.

4 Disponha o feta sobre as torradas recém-retiradas do forno. Finalize com a cobertura de cogumelo e o parmesão. Sirva quente ou em temperatura ambiente.

entradas

6 fatias grandes de pão italiano

4 colheres (sopa) de azeite de oliva
extra virgem

2 dentes de alho picados

4 tomates médios bem maduros sem
semente e picados em cubos médios

½ xícara de folhas de manjericão

sal a gosto

50 g de queijo parmesão ralado

BRUSCHETTA DE TOMATE E MANJERICÃO

Até hoje me pergunto por que todos os lugares servem bruschettas com tomate cru, triste, sem graça, sem um tempero extra. Esta receita fica maravilhosa e surpreendente porque o tomate é salteado com azeite, alho e manjericão antes de a bruschetta ser servida ainda quente. Se você nunca provou deste jeito, corra já para a cozinha!

Rende **6 porções**

1 Leve o pão ao forno para aquecer. Não deixe que fique muito crocante.

2 Em uma frigideira muito quente com o azeite, coloque o alho e deixe dourar. Junte os tomates picados e cozinhe por 2 minutos.

3 Desligue o fogo, junte o manjericão e tempere com sal.

4 Para montar as bruschettas, disponha a mistura de tomate por cima de cada fatia de pão. Polvilhe com o parmesão, regue com um fio de azeite e sirva quente.

entradas

400 g de salmão limpo, sem pele e sem
espinhas
4 colheres (sopa) de azeite de oliva
extra virgem
raspas e suco de ½ limão-taiti
3 colheres (sopa) de castanha de caju
picada
sal a gosto
1 colher (sopa) de salsinha fresca picada
1 colher (sopa) de dill fresco picado

TARTAR DE SALMÃO

Hoje o salmão é um dos peixes mais acessíveis em muitas regiões do Brasil. Para não servirmos um simples sashimi, vamos incrementar um pouco essa prosa.

Rende 4 porções

1. Pique o salmão em cubinhos. Coloque em uma tigela, encaixada em outra maior, cercada de cubos de gelo..
2. Regue o azeite sobre o salmão. Junte as raspas, o suco do limão e a castanha de caju. Acerte o sal e finalize com a salsinha e o dill.
3. Sirva gelado, com blinis ou torradinhas.

250 g de atum limpo, sem pele e sem espinhas
2 colheres (sopa) de azeite de oliva extra virgem
½ colher (chá) de óleo de gergelim
1 colher (sopa) de shoyu
1 colher (chá) de wasabi em pasta
½ abacate pequeno
suco de 1 limão-taiti
sal a gosto
2 colheres (sopa) de damasco picado
pimenta fresca a gosto

TARTAR DE ATUM

Em uma viagem pela Europa com meu companheiro de Homens Gourmet João Alcântara, visitamos um restaurante superdescolado em Barcelona, o Boca Grande. Lá, o prato que mais me marcou foi o tartar de atum.

Rende **4 porções**

1   Pique o atum em cubinhos. Coloque em uma tigela, encaixada em outra maior, cercada de cubos de gelo.

2   Em uma tigela, misture o azeite, o óleo de gergelim, o shoyu e o wasabi. Misture bem até dissolver o wasabi.

3   Com uma colher, remova a polpa do abacate. Descarte a casca e pique a polpa em cubinhos. Tempere imediatamente com limão e sal (para evitar que escureça) e junte o damasco.

4   Tempere o atum com a mistura de shoyu e wasabi, acerte o sal e a pimenta. Sirva com o abacate, mais blinis ou torradinhas.

entradas

2 colheres (sopa) de cebola roxa bem picada

1 colher (sopa) de mostarda amarela

1 colher (chá) de alcaparra bem picada

1 colher (chá) de molho inglês

2 colheres (sopa) de salsinha fresca picada

1 colher (chá) de molho de pimenta

2 colheres (sopa) de azeite de oliva extra virgem

½ xícara de quinoa

400 g de filé-mignon limpo

sal a gosto

STEAK TARTARE

Não tenha medo de arriscar. Traga um clássico francês com um toque crocante de quinoa para a sua mesa e encante seus convidados. Adoro acompanhar este prato de um belo vinho. Se optar por um tinto – uma harmonização mais complicada para este prato –, prefira a uva syrah. Se quiser algo mais fresco, escolha um espumante rosé ou um vinho branco da uva pinot grigio.

Rende 4 porções

1. Em uma tigela, misture a cebola roxa, a mostarda, a alcaparra, o molho inglês, a salsinha, o molho de pimenta e o azeite. Reserve.

2. Coloque a quinoa em uma frigideira e leve ao fogo até ficar bem crocante. Não é necessário acrescentar óleo. Reserve.

3. Pique o filé-mignon em cubinhos na ponta da faca. Muitos restaurantes optam por servir a carne batida, quase um purê, mas prefiro sentir a textura macia e suculenta da carne, por isso pico em cubinhos. Importante lembrar que a carne escurece em contato com o ar, portanto pique a carne minutos antes de servir para manter a coloração bonita.

4. Tempere a carne com o molho e acerte o sal. Antes de servir, envolva a carne na quinoa crocante.

O melhor acompanhamento para um steak tartare é definitivamente a batata frita. Caso esteja na onda light, opte por uma salada de folhas ou uma torradinha.

entradas

Lemon pepper é um tempero seco à base de raspas da casca de limão e pimenta-do-reino. O molho rende mais que 4 porções, então guarde na geladeira o que restar e consuma em até 7 dias.

Para o molho

1 xícara de shoyu

½ xícara de mirin (saquê culinário)

½ xícara de água

2 colheres (sopa) de conhaque ou cachaça

4 colheres (sopa) de açúcar demerara

1 colher (sopa) de amido de milho, diluído em 2 colheres (sopa) de água

Para o espetinho de frango

1 peito de frango cortado em cubinhos ou iscas

2 colheres (sopa) de azeite de oliva extra virgem

1 colher (café) de lemon pepper (ver dica)

sal a gosto

cebolinha picada para decorar

ROBATA DE FRANGO

A robata é um clássico japonês, e desde pequenininho eu já era fã. Onde cresci, Visconde de Mauá, existe um restaurante chamado Warabi – foi lá que provei o peixe cru, meu primeiro contato com a culinária japonesa.

Rende **4 porções**

1 Comece pelo molho. Em uma panela, misture todos os ingredientes (menos o amido diluído). Leve ao fogo médio e cozinhe até reduzir pela metade.

2 Para engrossar o molho, junte o amido diluído na água aos poucos e sempre mexendo bem para não empelotar. Você vai notar que o molho logo vai encorpar. Retire do fogo e deixe esfriar.

3 Para os espetinhos, tempere o frango com o azeite, o lemon pepper e sal. Espete nos palitinhos.

4 Grelhe na churrasqueira ou em uma frigideira com azeite. Quanto mais alta estiver a temperatura, mais o sabor se desenvolverá, mas cuidado para o centro não ficar cru.

5 Assim que tirar os espetinhos da grelha ou frigideira, despeje um pouco de molho por cima e decore com cebolinha.

entradas

Para o marinado

½ cebola roxa cortada em fatias bem
finas

400 g de peixe do dia (o mais fresco
possível, não congelado)

suco de 2 limões-taiti

½ pimenta dedo-de-moça sem
sementes e bem picada

1 xícara de abacaxi picado em cubinhos

⅓ de xícara de leite de coco

10 folhas de coentro

sal a gosto

Para o aro de banana-da-terra

½ colher (sopa) de manteiga

1 banana-da-terra fatiada em quatro
no sentido do comprimento

MARINADO BAIANO

Em 2009, nasceu meu primeiro filho gastronômico, o restaurante Yuca Gourmet, em Visconde de Mauá. O cardápio foi criado de acordo com as minhas influências da época e trazia um pouco da Bahia para o estado do Rio de Janeiro.

Rende **4 porções**

1. Deixe a cebola de molho na água gelada por aproximadamente 20 minutos, para diminuir a acidez e suavizar o sabor.

2. Corte o peixe em cubinhos. Junte o suco de limão, metade da cebola, metade da pimenta, o abacaxi, o leite de coco e metade do coentro. Acerte o sal e envolva bem o peixe com a marinada. Reserve.

3. Em uma frigideira antiaderente, derreta a manteiga e grelhe as fatias de banana até ficarem com uma cor caramelizada. Com a fruta ainda quente, junte as extremidades das fatias, aperte e forme um aro. Reserve.

4. Para montar, disponha os aros de banana em pratos e preencha com o marinado. Decore com a cebola, o coentro e a pimenta reservados. Sirva em seguida.

entradas

Para o frango
24 coxinhas da asa do frango, com pele
suco de 1 limão
sal e pimenta-do-reino a gosto
óleo para fritar

Para o molho picante
2 colheres (sopa) de manteiga
½ colher (sopa) de farinha de trigo
1 vidro de molho de pimenta

BUFFALO WINGS

Quando morei na Irlanda, trabalhei em Dublin numa cadeia de restaurantes americanos. Em um ano de casa, passei pela cozinha, pelo salão e pelo bar. Sabe o que eu amava comer nos meus intervalos?

Rende 4 porções

1. Para as coxinhas da asa, tempere-as com limão, sal e pimenta. Deixe marinar por 20 minutos. Passado esse tempo, frite em óleo quente até ficarem cozidas por dentro e crocantes por fora. Reserve.

2. Para o molho picante, derreta a manteiga e junte a farinha. Cozinhe até borbulhar e escurecer um pouco. Adicione o molho de pimenta e cozinhe por mais 1 minuto. Retire do fogo e reserve até esfriar.

3. Sirva as coxinhas da asa com o molho de pimenta, acompanhadas de salsão e cenoura cortados em bastões.

Caso prefira um molho mais suave, junte ½ xícara de água e dobre a quantidade de manteiga e farinha.

entradas

Para o angu

1 xícara de fubá

½ xícara de leite integral

2½ xícaras de água gelada

1½ colher (sopa) de manteiga

sal a gosto

Para o ragu de linguiça

2 colheres (sopa) de azeite de oliva extra virgem

½ cebola bem picada

2 dentes de alho bem picados

¼ de xícara de cenoura picada em cubinhos

¼ de xícara de salsão picado em cubinhos

400 g de linguiça frescal, sem pele e bem picada

100 g de tomate pelado ou molho de tomate

$\frac{1}{3}$ de xícara de caldo de legumes

1 galhinho de tomilho fresco

sal e pimenta-do-reino a gosto

ANGU COM RAGU DE LINGUIÇA

Eu, que tenho raízes mineiras, já acho angu uma delícia; misturado com linguiça fica ainda melhor. Ô trem bão, sô... Esta é uma receita servida no restaurante Gosto com Gosto, em Visconde de Mauá.

Rende 4 porções

1   Para o angu, deixe o fubá de molho no leite com água por 20 minutos.

2   Leve o fubá ao fogo com a manteiga, mexendo sempre, e cozinhe por mais 20 minutos. Acerte o sal e, caso engrosse muito, junte mais água para manter a textura cremosa.

3   Para o ragu, refogue no azeite a cebola, o alho, a cenoura e o salsão. Junte a linguiça picadinha e deixe fritar bem, até soltar e evaporar toda a água.

4   Acrescente o tomate pelado (ou o molho de tomate) e o caldo de legumes. Diminua a intensidade do fogo, junte o tomilho, tampe a panela e deixe cozinhar por no mínimo 1 hora. Mexa de vez em quando para não grudar no fundo da panela. Caso o ragu fique muito seco, junte mais caldo de legumes.

5   Acerte o sal e a pimenta-do-reino e sirva sobre o angu cremoso.

entradas

Para o recheio

4 colheres (sopa) de azeite de oliva
  extra virgem
1 cebola bem picada
2 dentes de alho bem picados
500 g de peito de frango cozido
  e desfiado
½ colher (sopa) de extrato de tomate
½ colher (sopa) de amido de milho
½ xícara de leite
sal e pimenta-do-reino a gosto

Para a massa

4 xícaras de farinha de trigo
⅓ de xícara de manteiga
2 gemas
½ xícara de água com sal

Para finalizar

1 gema, para pincelar

EMPADINHA DE FRANGO

Verdade seja dita: um dia, minha mãe fez muitas empadinhas para festejar em casa. Eu comi tantas, mas tantas, que acabei passando mal. Sim, o olho grande me pregou uma peça! Esse episódio fez com que eu parasse de comer empadinhas por muitos anos; mas como não há mal que sempre dure, hoje já consigo devorar esta receita inteira.

Rende 4 porções

1 Para a massa, misture todos os ingredientes até obter uma massa homogênea. Se ficar muito seca, acrescente um pouco mais de manteiga. Forme uma bola de massa, embrulhe em filme de PVC e deixe na geladeira até usar.

2 Para o recheio, numa panela com azeite doure a cebola e o alho. Deixe cozinhar em fogo baixo por aproximadamente 5 minutos. Junte o frango e o extrato de tomate e refogue até dourar o frango.

3 Dissolva o amido de milho no leite e acrescente aos poucos ao refogado. Mexa bem e deixe cozinhar por mais 5 minutos. Tempere com sal e pimenta. Reserve até esfriar.

4 Retire a massa da geladeira e abra com um rolo. Corte discos de massa com um cortador ou com a boca de um copo e forre forminhas de empada. Preencha com o recheio e cubra com o restante da massa. Bata a gema e pincele a superfície das empadinhas.

5 Leve ao forno preaquecido a 180 °C por aproximadamente 20 minutos, ou até dourar a massa.

entradas

Para a massa de pastel
3½ xícaras de farinha de trigo própria
  para pastel
1 colher (chá) de sal
1¼ xícara de água filtrada
2 colheres (sopa) de óleo de soja
2 colheres (sopa) de cachaça
½ xícara de farinha de trigo (somente
  para sovar a massa)

Para o recheio
2 tomates cortados em fatias
300 g de queijo mozarela cortado
  em fatias
½ xícara de folhas de manjericão fresco
sal a gosto

Para finalizar
óleo para fritar

PASTEL NAPOLITANO

Pastel é sinônimo só de feira? Não mais! Agora você pode fazer sua própria massa em casa. Se quiser, substitua a cachaça por vodca ou conhaque.

Rende 10 unidades

1   Para a massa, comece misturando a farinha e o sal. Incorpore a água, o óleo e a cachaça. Misture bem.

2   Em uma superfície lisa, sove a massa acrescentando aos poucos a farinha de trigo. Assim que a massa estiver bem lisinha e não grudar mais nas mãos, forme uma bola, cubra com filme de PVC e deixe descansar por 20 minutos.

3   Para o recheio, misture todos os ingredientes e reserve.

4   Abra a massa com um cilindro, até a espessura mais fina que conseguir. Se for abrir com um rolo, tenha bastante cuidado para não rasgar a massa. Corte a massa com 20 cm de altura e 10 cm de largura. Recheie ocupando somente metade do espaço. Dobre a massa e feche, apertando bem as extremidades com um garfo.

5   Assim que montar o pastel, leve imediatamente para a fritura em óleo quente. Quando dourar, retire com uma escumadeira e deixe sobre papel-toalha para escorrer o excesso de óleo antes de servir.

entradas

Para a massa

10 g de fermento biológico seco
  instantâneo

⅓ de xícara de água
  (aproximadamente)

1½ xícara de farinha integral

½ colher (chá) de sal

2 colheres (sopa) de manteiga

farinha de trigo, para abrir a massa

Para o recheio

300 g de ricota esfarelada

1 cenoura média ralada
  grosseiramente

2 colheres (sopa) de azeite de oliva
  extra virgem

sal a gosto

Para finalizar

1 ovo, para pincelar

PASTEL INTEGRAL ASSADO DA MARTHINHA

Ah, minha saudosa infância. Eu era apenas um pirralho, mas me lembro muito bem do pastel assado que era servido na Vendinha da Serra. A Marthinha é mãe dos meus amigos-irmãos Jimmy e Sandy, que foram vegetarianos a infância toda. São eles os responsáveis por eu apreciar tanto a comida saudável nos dias de hoje.

Rende **4 porções**

1 Para a massa, dissolva o fermento na água. Adicione a farinha integral, o sal e a manteiga. Sove bem, até deixar a massa lisa. Forme uma bola e deixe descansar coberta por cerca de 1 hora, fora da geladeira.

2 Passado esse tempo, faça bolinhas da massa e deixe descansar novamente por mais 1 hora.

3 Para o recheio, misture a ricota com a cenoura. Tempere com azeite e sal.

4 Abra a massa com o rolo, polvilhando a farinha de trigo se necessário, e recheie. Dobre a massa sobre o recheio, apertando as extremidades com um garfo e formando pastéis. Pincele o ovo batido por cima de cada pastel.

5 Leve ao forno preaquecido a 180 °C por aproximadamente 15 minutos, ou até assar por completo.

entradas

500 g de mandioca
1 xícara de leite
2 colheres (sopa) de manteiga
2 colheres (sopa) de queijo parmesão
250 g de camarão limpo e sem casca
sal e pimenta-do-reino a gosto
suco de 1 limão

1 colher (sopa) de azeite de oliva extra
virgem
1 cebola pequena picada
cheiro-verde picado a gosto
1 tomate sem sementes bem picado
½ xícara de leite de coco
queijo parmesão, para finalizar

ESCONDIDINHO DE CAMARÃO

Na edição de 2012 do cruzeiro gourmet que organizo anualmente com minha mãe, Mônica Rangel, e Heiko Grabolle, servimos este escondidinho de camarão. Ele foi o campeão de pedidos: em um único jantar, foram servidos 3.400 porções!

Rende 4 porções

1   Cozinhe a mandioca em água até ficar bem macia. Escorra e leve ao liquidificador com o leite e se necessário com um pouco da água de cozimento. Bata até obter um creme, leve ao fogo e acrescente a manteiga. Deixe cozinhar por alguns minutos. Adicione o queijo, mexa bem e desligue o fogo.

2   Tempere o camarão com sal, pimenta e suco de limão. Reserve.

3   Numa frigideira com azeite, refogue a cebola e o camarão. Acrescente o cheiro-verde, o tomate e o leite de coco.

4   Em um refratário, coloque uma camada fina de purê de mandioca, distribua o camarão por cima e finalize com mais purê. Polvilhe com queijo parmesão e leve ao forno para gratinar.

entradas

Se preferir um recheio mais cremoso, misture um pouco de queijo mozarela ralado e requeijão pouco antes de retirar o camarão do fogo.

Para o recheio

2 colheres (sopa) de azeite de oliva extra virgem

1 dente de alho bem picado

150 g de camarão pequeno descascado

sal a gosto

½ colher (chá) de lemon pepper (tempero seco à base de limão e pimenta-do-reino)

¼ de xícara de vinho branco

1 colher (sopa) de salsinha picada

Para as tortilhas

1½ xícara de água

1 xícara de farinha de milho pré-cozida

1 colher (sopa) de manteiga

1 colher (chá) de sal

TAQUITOS DE CAMARÃO

Tenho uma queda absurda por margaritas, tacos, qualquer comida tex-mex, assim como um querido primo meu, que mora em Nova York há mais de 25 anos. Ele sempre descobre um restaurante mexicano novo para conhecermos. Horas e horas na mesa, muita pimenta, muita risada e... a conta, por favor.

Rende 4 porções

1   Comece preparando as tortilhas. Aqueça a água numa panela. Enquanto isso, em uma tigela, misture a farinha de milho, a manteiga e o sal. Despeje a água quente por cima e misture com uma colher até obter uma massa. Quando esfriar um pouco, trabalhe com as mãos para incorporar bem todos os ingredientes.

2   Forre uma assadeira com papel-manteiga. Modele bolinhas de massa e pressione para formar discos. Transfira para a assadeira e leve ao forno pré-aquecido a 180 °C para assar até ficar crocante. Se preferir, não use o forno e toste as tortilhas em uma frigideira antiaderente sem gordura. Reserve.

3   Em uma frigideira com azeite, frite o alho até ficar dourado. Junte o camarão, temperado com sal e lemon pepper, e cozinhe por 2 minutos em fogo alto. Adicione o vinho branco, deixe o caldo evaporar e retire do fogo. Tempere com salsinha e reserve.

4   Disponha o camarão sobre as tortilhas e sirva em seguida.

entradas

PRATOS PRINCIPAIS

Costelinha de porco, linguiça; costela de boi, peito, filé-mignon; truta, salmão, bacalhau, e frango preparado de vários jeitos: escolha a carne de sua preferência, reúna a família e os amigos e pronto!

3 colheres (sopa) de azeite de oliva
extra virgem

1 cebola grande picada em cubinhos

2 dentes de alho picados

500 g de alcatra cortada em cubinhos

2 xícaras de caldo de carne

1 xícara de tomate sem pele bem picado

½ xícara de cenoura picada em cubinhos

½ xícara de batata picada em cubinhos

1 xícara de abóbora cabotiã (japonesa) picada em cubinhos

sal e pimenta-do-reino a gosto

PICADINHO DE CARNE

Toda vez que Sergio Gomes, um grande amigo da família, anunciava a intenção de nos visitar em Visconde de Mauá, minha mãe preparava um banquete para recebê-lo. Como desde pequeno sempre amei estar ao redor de uma mesa, comendo e escutando as histórias dos adultos, vocês podem imaginar a ansiedade deste menininho para provar de tudo um tantão! Ah… e só pra constar: o prato favorito dele era este picadinho de carne.

Rende 4 porções

1 Em uma panela com azeite, refogue a cebola e o alho.

2 Junte a carne e deixe fritar bem, até ficar douradinha.

3 Acrescente o caldo de carne e deixe cozinhar por 10 minutos. Junte o tomate e a cenoura. Deixe cozinhar por 3 minutos e adicione a batata. Cozinhe por mais 3 minutos e acrescente a abóbora. Tempere com sal e pimenta.

4 Com o fogo baixo, tampe a panela e deixe cozinhar até a carne ficar macia, e os legumes, al dente. Destampe a panela e cozinhe por mais 3 minutos para engrossar o molho. Acerte o sal e sirva.

Ideal para servir com arroz, feijão e farofa.

400 g de costela de boi magra

2 colheres (sopa) de tempero verde
   (veja receita ao lado)

$\frac{1}{3}$ de xícara de vinho tinto

1 colher (sopa) de azeite de oliva extra
   virgem

3$\frac{1}{2}$ xícaras de caldo de legumes

200 g de mandioca cortada em bastões

cheiro-verde picado a gosto

sal a gosto

Para o tempero verde

$\frac{1}{2}$ pimentão verde sem sementes
   picado

$\frac{1}{2}$ cebola picada

$\frac{1}{2}$ xícara de óleo

$\frac{1}{2}$ xícara de salsinha com talos

1 colher (sopa) de sal

VACA ATOLADA

Costela de boi desmanchando, servida num caldo muito saboroso e, ainda por cima,
a mandioca picadinha derretendo...Ainda hoje me pergunto como é possível ter
tanto amor envolvido num prato só?

Rende **4 porções**

1. Para o tempero verde, bata todos os ingredientes no liquidificador até obter uma pasta cremosa. Se necessário, acrescente um pouco de água gelada.

2. Limpe a costela e tempere com o tempero verde e o vinho tinto. Deixe marinando por 12 horas na geladeira.

3. Passado esse tempo, retire a costela e descarte a marinada.

4. Em uma panela com azeite, doure a carne. Adicione o caldo de legumes aos poucos para não queimar. Quando a costela estiver bem douradinha, junte o restante do caldo e deixe cozinhar por aproximadamente 2 horas, em fogo médio.

5. Espere a costela cozida esfriar e leve à geladeira até que a gordura suba. Retire essa gordura e descarte.

6. Volte a costela ao fogo e acrescente a mandioca. Cozinhe em fogo brando até a mandioca ficar bem macia. Tempere com cheiro-verde e sal. Se necessário, acrescente mais caldo.

pratos principais

4 colheres (sopa) de manteiga

½ xícara de bacon picado em cubos

200 g de linguiça de porco

1 cebola bem picada

2 dentes de alho bem picados

600 g de filé-mignon picado em cubos

sal e pimenta-do-reino a gosto

4 ovos

4 xícaras de arroz cozido

1 xícara de feijão cozido sem caldo

3 colheres (sopa) de cheiro-verde picado

½ xícara de queijo parmesão ralado

MEXIDÃO DO GOSTO

É um campeão de vendas. Foi elaborado pela minha mãe em homenagem a minha falecida avó, que amava esse prato e fazia com muita frequência com as sobras da geladeira.

Rende 4 porções

1. Em uma frigideira, derreta a manteiga. Frite o bacon e a linguiça até ficarem douradinhos.
2. Acrescente a cebola e o alho e deixe dourar.
3. Em seguida junte a carne, tempere com sal e pimenta e deixe fritar.
4. Quebre os ovos por cima da carne e deixe formar grumos antes de mexer, como se estivesse fazendo um ovo mexido.
5. Acrescente o arroz e o feijão e misture.
6. Desligue o fogo. Finalize com o cheiro-verde e o parmesão.

pratos principais

Buquê garni é um maço de ervas frescas à sua escolha. Eu usei sálvia, tomilho, alecrim, manjericão e louro.

Para a rabada

1 kg de rabo de boi cortado e limpo
 (sem gordura)

¼ de xícara de óleo

sal e pimenta-do-reino a gosto

1 cenoura cortada em rodelas grandes

1 cebola picada grosseiramente

2 talos de salsão picados

1 tomate picado grosseiramente

1 buquê garni (p. 52)

suco de 1 limão

Para o manjar de milho

1 lata de milho-verde

1 lata de leite (use a lata de milho
 como medida)

1 colher (sopa) de manteiga

1 pacote pequeno (50 g) de queijo
 parmesão ralado

sal e noz-moscada a gosto

RABADA DOS DEUSES

*Pense numa rabada que fica desmanchando! Fiz esta com um manjar de milho:
uma combinação que vai conquistar sua família.*

Rende 4 porções

1 Para a rabada, cozinhe a carne, para retirar o excesso de gordura trocando a água duas vezes.

2 Em uma panela de pressão com o óleo, frite a carne, temperada previamente com sal e pimenta-do-reino, até ficar bem dourada. Acrescente a cenoura, a cebola e o salsão e continue fritando bem para desenvolver o sabor. Junte o tomate, o buquê garni, o suco de limão e cubra com água. Feche a panela e cozinhe por aproximadamente 40 minutos.

3 Passado esse tempo, a carne deve estar desmanchando. Retire-a do caldo e desfie; coe o caldo. Coloque a carne desfiada e o caldo coado de volta na panela e leve de novo ao fogo para reduzir. Reserve.

4 Para o manjar de milho, bata no liquidificador o milho com o leite.

5 Em uma panela, coloque a manteiga e a mistura de milho e espere engrossar. Quando estiver em ponto de purê, acrescente o parmesão. Tempere com sal e noz-moscada.

6 Disponha o creme de milho em forminhas individuais untadas com manteiga e deixe esfriar para firmar.

7 Sirva a rabada ainda quente, acompanhada do manjar de milho.

pratos principais

- 1 abóbora-moranga
- 2 colheres (sopa) de azeite de oliva extra virgem
- 2 dentes de alho picados
- 600 g de camarão-rosa médio sem casca mais alguns inteiros para decorar
- $^2/_3$ de xícara de suco de manga concentrado
- ½ xícara de caldo de legumes
- 1 colher (sopa) de mostarda amarela
- sal a gosto
- coentro fresco picado a gosto
- ½ pote de requeijão cremoso

ABÓBORA CAMARANGA

Tenho muito carinho por esta receita, criada pelo meu grande amigo e chef Cesar Santos. Quem já foi a Olinda deve conhecer a Oficina do Sabor, restaurante que frequento desde que me conheço por gente. O maior sucesso da casa é esta moranga assada e recheada de camarão. Se você ainda não foi a Olinda, traga essa linda cidade para perto de você.

Rende 4 porções

1. Corte a tampa da abóbora e retire o miolo com as sementes. Lave bem o interior. Tampe a abóbora já limpa, cubra com papel-alumínio e leve ao forno a 180 °C para assar.

2. Em uma frigideira, coloque o azeite e o alho e refogue os camarões descascados. Deixe cozinhar até ficarem alaranjados e junte o suco de manga, o caldo de legumes e a mostarda. Tempere com sal e cozinhe até encorpar. Caso o caldo esteja muito ralo, faça uma mistura de amido de milho com água e adicione aos poucos; assim que espessar, retire do fogo e finalize com o coentro.

3. Retire a abóbora do forno e recheie com o creme de camarão. Coloque o requeijão cremoso por cima. Feche e sirva bem quente.

   Este prato fica maravilhoso acompanhado de um arroz bem fresquinho e de farofa de banana (p. 121). Na hora de servir, raspe a parte interna da moranga com cuidado para misturar com o camarão.

Para a massa

500 g de farinha de trigo

300 g de manteiga gelada cortada em
cubos

sal a gosto

1 ovo

Para o recheio

400 g de linguiça calabresa bem
picada

1 colher (chá) de sementes de erva-doce

100 g de requeijão cremoso

400 ml de creme de leite fresco

3 ovos

QUICHE DE CALABRESA COM ERVA-DOCE

Eu ainda estava na faculdade quando minha mãe me convidou para fazer um evento enorme com ela em um hotel na praia de Comandatuba. Minha experiência se limitava ao restaurante da minha mãe e a dois períodos acadêmicos. Mas como filho de peixe, peixinho é, acreditei no ditado e encarei o desafio de um evento com mais de 30 pratos no cardápio. Um deles era este aqui.

Rende **4 porções**

1. Para a massa, junte em um recipiente a farinha de trigo, a manteiga, o sal e o ovo. Misture bem, sem sovar a massa, amassando a manteiga com as mãos para que amoleça e se misture com os demais ingredientes. Assim que obtiver uma massa lisa e homogênea, leve à geladeira por 20 minutos coberta com filme de PVC.

2. Para o recheio, frite numa frigideira quente a calabresa. Transfira para uma tigela e adicione a erva-doce e o requeijão. Junte o creme de leite e os ovos. Misture bem e reserve.

3. Em uma fôrma de fundo removível, forre o fundo e a lateral com a massa e despeje o recheio frio por cima.

4. Leve ao forno preaquecido a 180 °C por aproximadamente 25 minutos até dourar. Deixe esfriar uns 10 minutos antes de servir para que a massa ganhe resistência e não se rompa na hora de cortar.

pratos principais

VIEIRA COM CREME DE BATATA-DOCE E FAROFA DE LIMÃO

Quando estive cozinhando em Lima, num grande evento que acontece anualmente, visitei um restaurante que me encantou e aguçou a minha criatividade. Lá, provei uma vieira com molho de limão-siciliano que originou esta receita.

Rende 4 porções

Para o creme de batata-doce
1 batata-doce grande
   (aproximadamente 100 g)
½ cebola bem picada
1 colher (sopa) de azeite de oliva extra
   virgem
½ colher (chá) de cúrcuma em pó
1 xícara de água
1 xícara de leite
sal a gosto

Para a farofa de limão
1 colher (sopa) de manteiga
1 colher (sopa) de azeite de oliva extra
   virgem
1 dente de alho bem picado
1 xícara de farinha de rosca
   (fresquinha é sempre melhor)
raspas de 1 limão-siciliano ou
   limão-taiti
sal a gosto

Para a vieira
8 vieiras grandes
sal a gosto
2 colheres (sopa) de azeite de oliva
   extra virgem

pratos principais

(foto p. 60)

1 Comece pelo creme. Descasque a batata-doce e corte-a em cubos grandes.

2 Em uma panela, refogue a cebola no azeite, acrescente a batata-doce, a cúrcuma, a água, o leite e o sal. Deixe cozinhar em fogo baixo, até a batata ficar bem macia.

3 Transfira a batata para um processador ou um liquidificador e bata com o próprio caldo. Atenção: a quantidade de caldo que você colocar vai ditar a textura do creme. Minha dica é juntar o caldo aos poucos conforme for batendo a batata. Reserve.

4 Para a farofa, coloque a manteiga e o azeite em uma frigideira. Doure o alho e junte com a farinha de rosca. Em fogo moderado, toste a farinha de rosca até ficar bem crocante. Retire do fogo, acrescente as raspas de limão-siciliano e acerte o sal. Reserve.

5 Tempere as vieiras apenas com sal.

6 Em uma frigideira bem quente, grelhe os dois lados da vieira no azeite. Atenção: a vieira cozinha muito rápido, então cozinhe por cerca de 1 minuto de cada lado.

7 Sirva a vieira acompanhada da farofa e do creme ainda quentes.

pratos principais

(receita p. 58)

(receita p. 62)

LULA RECHEADA COM FAROFA DE SHIMEJI

Esta receita de lula recheada conquistou gregos e troianos nas gravações da terceira temporada de Homens Gourmet.

Rende 4 porções

Para o molho oriental
1 xícara de shoyu
½ xícara de mirin (saquê culinário)
½ xícara de água
2 colheres (sopa) de conhaque
4 colheres (sopa) de açúcar
1 colher (sopa) de amido de milho,
    diluído em 2 colheres (sopa) de água

Para a lula
4 lulas médias limpas
sal a gosto
1 colher (chá) de páprica picante
4 colheres (sopa) de azeite de oliva
    extra virgem

Para a farofa
1 bandeja (200 g) de shimeji
1 pão francês fresquinho
2 colheres (sopa) de manteiga
½ cebola bem picada
1 dente de alho bem picado
sal a gosto
1 colher (sopa) de salsinha picada

pratos principais

(foto p. 61)

1. Comece pelo molho oriental. Em uma panela, misture o shoyu, o saquê, a água, o conhaque e o açúcar. Leve ao fogo moderado até reduzir pela metade.

2. Para engrossar, junte o amido de milho diluído ao molho fervente, aos poucos e sempre mexendo bem para não empelotar. O molho começará a engrossar instantaneamente. Retire do fogo e deixe esfriar.

3. Para a farofa, separe o shimeji com a mão. Esfarele o pão também com a mão até obter uma farofa grossa.

4. Em uma frigideira com manteiga, refogue a cebola e o alho. Junte o shimeji. Após 1 minuto com o fogo bem alto, coloque o pão e diminua a temperatura do fogo. Cozinhe por mais 2 minutos, retire do fogo e tempere com sal e salsinha. Reserve.

5. Tempere a lula crua com sal, páprica e metade do azeite. Recheie com a farofa de shimeji e feche com um palito.

6. Em uma frigideira quente com o restante do azeite, grelhe todos os lados da lula, rapidamente, por cerca de 3 minutos. Retire a lula da frigideira e sirva com o molho oriental por cima.

Em vez do molho oriental, você pode usar molho teriaki de supermercado, que já vem pronto. A quantidade de molho da receita será superior ao que se exige aqui. Reserve o molho restante na geladeira e sirva com carnes brancas e frutos do mar.

O conhaque pode ser substituído por cachaça.

pratos principais

600 g de salmão com pele e sem escamas, dividido em quatro
1 colher (chá) de lemon pepper (tempero seco à base de limão e pimenta-do-reino)
sal a gosto
1 xícara de endro fresco

1 xícara de manjericão fresco
½ xícara de azeite de oliva extra virgem
½ cebola roxa cortada em fatias finas
½ pimenta dedo-de-moça bem picada, sem sementes
raspas e suco de 1 limão-siciliano

SALMÃO COM ERVAS

Em 2011, abri meu primeiro restaurante em São Paulo, o Emiglia Romana Ristorante, inspirado na região italiana de mesmo nome. Um dos pratos que faziam mais sucesso entre os queridinhos de uma academia que havia lá perto era este salmão.

Rende 4 porções

1 Tempere o salmão com lemon pepper e sal. Reserve.

2 Misture em uma tigela o endro, o manjericão, o azeite, a cebola, a pimenta dedo-de-moça, as raspas e o suco de limão e um pouco de sal.

3 Regue o salmão com a mistura de ervas e temperos.

4 Em uma frigideira, coloque o salmão com a pele virada para baixo para cozinhar em fogo baixo por aproximadamente 15 minutos. A pele vai ficar crocante e o peixe, suculento no centro. Sirva em seguida.

Se perceber que a pele está queimando, tampe a frigideira para que o vapor cozinhe o peixe mais rápido. Sirva com risoto de limão-siciliano (p. 129).

pratos principais

Para a massa
300 g de farinha de trigo
100 g de sêmola
4 ovos
sal a gosto

Para o recheio
200 g de mozarela de búfala ralada
$^1/_3$ de xícara de azeite de oliva extra
virgem
sal a gosto

Para o molho
2 dentes de alho picados
5 hastes de manjericão fresco
$^1/_3$ de xícara de azeite de oliva extra
virgem
600 g de tomate pelado picado
sal a gosto

RAVIÓLI RECHEADO COM MOZARELA DE BÚFALA

Fazer a própria massa de macarrão pode ser mais simples do que parece! E é muito legal porque a gente pode variar o recheio com o que mais gostamos.

Rende 4 porções

1 Para a massa, junte todos os ingredientes até obter uma mistura homogênea e lisa; não precisa sovar. Embrulhe a massa em filme de PVC e reserve por 30 minutos.

2 Para o recheio, misture em uma tigela todos os ingredientes e reserve.

3 Estique a massa com o auxílio de um rolo até que fique bem fina. Se usar a máquina de macarrão, passe pelo cilindro pelo menos 10 vezes para que ganhe elasticidade e fique bem lisinha.

4 Abra a massa no ajuste mais fino que conseguir. Disponha sobre a bancada e recheie. Com um pincel, passe água nas bordas da massa, ao redor do recheio. Cubra com outra tira de massa. Corte com um cortador ou com uma carretilha. Reserve os raviólis polvilhados com sêmola para não grudarem.

5 Para o molho, refogue o alho e o manjericão no azeite. Acrescente o tomate e deixe apurar. Tempere com sal.

6 Cozinhe o ravióli em água fervente com sal e sirva com o molho.

pratos principais

Para o peito de boi

500 g de peito de boi inteiro

2 colheres (sopa) de tempero verde
(veja receita ao lado)

½ xícara de vinho tinto

1 colher (sopa) de azeite de oliva extra
virgem

3 ou 4 xícaras de caldo de legumes

sal a gosto

Para o tempero verde

½ pimentão verde sem sementes
cortado

½ cebola cortada

½ xícara de óleo

½ xícara de salsinha com talos

1 colher (sopa) de sal

PEITO DE BOI COM MOLHO DE PIMENTÃO

Carne de segunda? Acho que não! Pense numa carne que desmancha quando você passa o garfo, que é extremamente suculenta e saborosa. É uma das minhas preferidas, sem sombra de dúvida.

Rende 4 porções

1 Para o tempero verde, bata todos os ingredientes no liquidificador até obter uma pasta cremosa. Se necessário, acrescente um pouco de água gelada.

2 Retire toda a gordura e os nervos do peito de boi, acrescente o tempero verde e o vinho tinto e deixe marinar por 12 horas na geladeira.

3 Passado esse tempo, remova a carne, limpando bem, e reserve a marinada. Doure a peça inteira com azeite em uma panela grande. Junte a marinada reservada e deixe cozinhar bem, refogando para incorporar os sabores. Depois, vá pingando o caldo de legumes aos poucos, conforme o líquido da panela for secando, para a carne não queimar.

4 Quando a carne estiver macia, retire-a da panela. Fatie e sirva regada com o próprio caldo do cozimento.

Sirva com purê de abóbora (p. 133).

pratos principais

68

4 pedaços de ossobuco de vitela
   (de preferência) com 300 g cada
sal e pimenta-do-reino a gosto
4 colheres (sopa) de farinha de trigo
40 g de manteiga
3 colheres (sopa) de azeite de oliva
   extra virgem
1 cebola grande picada grosseiramente

1 cenoura média cortada em rodelas
2 talos de salsão picados
   grosseiramente
½ garrafa de vinho branco
3⅓ xícaras de caldo de carne (ou de
   demi-glace, p. 150)
2 colheres (sopa) de extrato de tomate

OSSOBUCO MILANÊS

Quem já foi a Milão sabe bem do que estou falando, pois deve conhecer esta receita. Agora, para quem nunca foi, este é meu grande presente. É um dos melhores pratos italianos, na minha opinião.

Rende 4 porções

1 Tempere o ossobuco com sal e pimenta. Passe-o pela farinha de trigo.

2 Em uma panela com manteiga e azeite, frite os dois lados do ossobuco até atingir uma coloração dourada.

3 Junte a cebola, a cenoura e o salsão. Deixe fritar até caramelizar.

4 Diminua o fogo. Acrescente o vinho branco, o caldo de carne e o extrato de tomate.

5 Deixe cozinhar com a panela destampada até ficar bem macio.

6 Retire o ossobuco da panela e coe o molho. Devolva o molho à panela para reduzir e engrossar.

7 Sirva com o molho quente por cima.

Ideal para comer com risoto alla milanese (p. 126).

pratos principais

Para o chantili de wasabi
1 xícara de creme de leite fresco
2 colheres (sopa) de wasabi em pasta
sal a gosto

Para a truta
4 filés de truta salmomada
2 colheres (sopa) de azeite de oliva
 extra virgem
sal a gosto
8 colheres (sopa) de gergelim torrado

Para o espaguete de pupunha
¾ de xícara de azeite de oliva extra
 virgem
2 dentes de alho picados
400 g de palmito pupunha fatiado
4 talos de nirá picados
1 pimenta dedo-de-moça sem
 semente picada
sal a gosto

TRUTA ORIENTAL COM ESPAGUETE DE PUPUNHA

Em 2009, meu primeiro filho gastronômico nasceu em Visconde de Mauá, o Yuca Gourmet Restaurante. Ao idealizar o cardápio, que tinha uma pegada brasileira contemporânea, busquei trabalhar com ingredientes locais, como a truta.

Rende 4 porções

1 Comece pelo chantili. Bata o creme de leite até obter picos firmes. Misture o wasabi e um pouco de sal com cuidado e bata mais um pouco só para misturar. Reserve na geladeira até a hora de servir.

2 Em seguida, prepare o espaguete de pupunha. Em uma frigideira bem quente com o azeite, doure o alho. Junte o pupunha, o nirá e a pimenta. Tempere com sal e misture bem. Reserve aquecido.

3 Por fim, prepare a truta. Em uma frigideira com o azeite, grelhe os filés até que estejam cozidos no centro. Este processo deve demorar por volta de 5 minutos. Tempere com sal e cubra com o gergelim torrado.

4 Sirva cada filé de truta acompanhado de uma porção de espaguete de pupunha e o chantili de wasabi ao lado.

pratos principais

4 medalhões de filé-mignon (300 g cada)

sal e pimenta-do-reino a gosto

4 colheres (sopa) de azeite de oliva extra virgem, para grelhar os filés

2 colheres (sopa) de azeite de oliva extra virgem, para fazer o molho

¼ de cebola bem picada

⅓ de xícara de conhaque

4 colheres (sopa) de pimenta verde em conserva

1 xícara de caldo de carne (ou de molho demi-glace, p. 150)

½ xícara de creme de leite fresco

STEAK AU POIVRE

Se, aos 8 anos de idade, seu filho amar comer um steak au poivre, fique ligado, pois ele corre um seriíssimo risco de se tornar um cozinheiro!

Rende 4 porções

1. Tempere as peças de filé com sal e pimenta-do-reino.

2. Em uma frigideira com azeite, grelhe os filés de todos os lados. Para atingir o ponto malpassado, grelhe 3 minutos de cada lado. Caso queira passar mais o filé, leve ao forno preaquecido a 220 °C até atingir o ponto desejado.

3. Ainda na mesma frigideira em que estão os filés, acrescente o azeite e a cebola. Deixe cozinhar por 1 minuto para amaciar. Adicione o conhaque e, com cuidado, risque um fósforo. Coloque fogo no molho para flambar e evaporar o álcool do conhaque.

4. Quando a chama apagar, reduza para fogo baixo e adicione a pimenta, o caldo de carne e o creme de leite. Raspe o fundo da panela para soltar o suco que a carne deixou. Acerte o sal.

5. Sirva em seguida com o molho por cima.

Esta carne fica maravilhosa com batata frita ou gratin de batatas.

pratos principais

4 medalhões de filé-mignon (300 g cada)
sal e pimenta-do-reino a gosto
4 colheres (sopa) de azeite de oliva
   extra virgem
2 colheres (sopa) de manteiga
2 dentes de alho bem picados
1 xícara de vinho branco

3 colheres (sopa) de mostarda de Dijon
   — se for da normal, utilize 5 colheres
   (sopa)
¼ de xícara de caldo de carne (ou de
   molho demi-glace, p. 150)
½ xícara de creme de leite fresco
cebolinha bem picada a gosto

FILÉ COM MOLHO DE MOSTARDA

Sabe aquele "brother" que te convida para jantar na casa dele, mas, na verdade, todos estão esperando que você cozinhe? Pois é, acho que todo cozinheiro já deve ter passado por isso ao menos uma vez na vida. Nesse encontro de amigos, preparei este clássico francês.

Rende 4 porções

1   Tempere as peças de filé com sal e pimenta-do-reino.

2   Em uma frigideira com azeite, grelhe os filés de todos os lados. Para atingir o ponto malpassado, grelhe 3 minutos de cada lado. Caso queira passar mais o filé, leve ao forno preaquecido a 220 °C até atingir o ponto desejado.

3   Ainda na mesma frigideira em que estão os filés, adicione a manteiga e o alho. Deixe cozinhar rapidamente até ficar douradinho. Junte o vinho branco e deixe cozinhar por 1 minuto, até evaporar todo o álcool.

4   Junte a mostarda, o caldo de carne e o creme de leite. Raspe bem o fundo da panela para soltar o suco que a carne deixou. Acerte o sal.

5   Sirva em seguida com o molho por cima e decorado com a cebolinha.

Se não encontrar a mostarda de Dijon, substitua por 5 colheres (sopa) da mostarda amarela comum.

pratos principais

BACALHAU COM FAROFA DE BROA

Por mais que saibamos que grande parte do bacalhau que consumimos vem dos países nórdicos, temos que aplaudir os portugueses, pois eles dominam a técnica de cozimento desse peixe. Na época que morei em Portugal, aprendi a fazer bacalhau de todas as maneiras – com natas, assado, grelhado, cozido – mas este com farofa de broa foi um dos melhores que já provei.

Rende 4 porções

Para o bacalhau
4 lombos de bacalhau dessalgado (200 g cada)
1 xícara de azeite de oliva extra virgem
16 cebolas pérola (tipo aperitivo) sem casca
12 dentes de alho sem casca
16 tomates-cereja
4 raminhos de tomilho limão

Para a emulsão de pimenta biquinho
1 xícara de pimenta biquinho em conserva drenada
½ xícara de azeite de oliva extra virgem
2 colheres (sopa) de mel
sal a gosto

Para a farofa de broa
2 colheres (sopa) de azeite de oliva extra virgem
1 dente de alho bem picado
2 colheres (sopa) de cebola bem picada
2 colheres (sopa) de cenoura bem picada
2 xícaras de farinha de broa (ver dica)
1 colher (sopa) de salsinha picada
sal a gosto

pratos principais

(foto p. 80)

1 Acomode os lombos de bacalhau num refratário. Regue com o azeite e disponha as cebolas inteiras, os dentes de alho inteiros, os tomatinhos inteiros e os ramos de tomilho.

2 Cubra com papel-alumínio e leve ao forno preaquecido a 120 °C por aproximadamente 40 minutos.

3 Enquanto o bacalhau estiver no forno, faça a emulsão de pimenta biquinho. Triture todos os ingredientes no liquidificador. Reserve.

4 Para a farofa de broa, em uma panela com azeite, refogue o alho, a cebola e a cenoura. Adicione a farinha de broa, diminua o fogo e mexa até ficar crocante. Finalize com a salsinha e o sal.

5 Retire o bacalhau do forno e sirva com todos os acompanhamentos.

Para fazer a farinha de broa, rale ou triture o pão amanhecido até obter uma farinha grossa.

pratos principais

(receita p. 78)

(receita p. 82)

PANQUECA DA ESTUFA

A Estufa era um restaurante bem pequeno, que meus pais frequentavam em Visconde de Mauá quando eu tinha uns 5 ou 6 anos de idade e já era apaixonado por comida. Foi o lugar responsável pela melhor panqueca da minha vida, o tipo de prato que a gente ama durante a infância, mas, por qualquer motivo, nunca mais come depois de adulto. Por isso, buscar a receita desta panqueca foi um verdadeiro mergulho nas minhas memórias culinárias.

Rende 4 porções

Para a massa

1 xícara de leite integral

1½ xícara de farinha de trigo

2 ovos

3 colheres (sopa) de óleo

1 colher (chá) de sal

1 colher (sopa) de óleo, para untar a frigideira

Para o recheio

2 colheres (sopa) de azeite de oliva extra virgem

50 g de bacon picado em cubinhos

400 g de alcatra picada em cubinhos

sal e pimenta-do-reino a gosto

½ cebola picada em cubinhos

1 dente de alho bem picado

½ folha de louro

1 colher (sopa) de extrato de tomate

½ xícara de vinho tinto

1 xícara de caldo de carne

1½ xícara de molho de tomate (veja receita na p. 140)

1 xícara de molho bechamel (veja receita na p. 146)

100 g de queijo parmesão ralado, para finalizar

pratos principais

(foto p. 81)

1 Para fazer a massa, bata todos os ingredientes no liquidificador até obter uma massa lisa. Caso fique muito espessa, acrescente mais leite; se ficar muito rala, adicione mais farinha.

2 Unte uma frigideira com óleo. Quando estiver quente, despeje a massa com uma concha. Gire a frigideira para espalhar bem a massa. O ideal é fazê-la o mais fina possível. Caso necessário, vire a massa na frigideira com a mão ou com o auxílio de um prato para dourar dos dois lados. Reserve os discos de massa prontos.

3 Para o recheio, em uma panela com azeite, frite o bacon até ficar dourado. Junte a carne, temperada com sal e pimenta, à panela com o bacon. O fogo nesse momento deve estar bem alto para fritar a carne e evitar que ela solte água.

4 Quando ela estiver bem douradinha, reduza o fogo, adicione a cebola e o alho e refogue. Junte o louro, o extrato de tomate, o vinho tinto e o caldo de carne.

5 Tampe a panela e deixe cozinhar até o molho secar e a carne ficar bem macia. Acerte o sal, retire do fogo e deixe esfriar antes de rechear as panquecas.

6 Recheie as panquecas com a carne e transfira-as para uma travessa ou assadeira com um pouco de molho de tomate por baixo. Cubra as panquecas com mais molho de tomate, um pouco de bechamel e queijo parmesão. Leve ao forno preaquecido a 180 °C por 15 minutos. Sirva bem quente.

pratos principais

Para a truta
4 filés de truta com pele (de 150 a
  200 g cada)
sal a gosto
1 colher (chá) de cúrcuma em pó
2 colheres (sopa) de azeite de oliva
  extra virgem

Para o molho de alcaparra
1 colher (sopa) de manteiga
2 dentes de alho picado em lâminas
  bem finas
2 colheres (sopa) de alcaparra bem
  picada
4 colheres (sopa) de vinho branco
4 colheres (sopa) de creme de leite fresco
sal a gosto

TRUTA NA MANTEIGA DE ALCAPARRA

Quem já visitou Visconde de Mauá, na região serrana do Rio, sabe que ali a truta domina os cardápios. Isso é porque esse peixe adora as águas geladas de lá. Quando abri meu primeiro restaurante, não podia deixar esta receita clássica de fora.

Rende 4 porções

1 Tempere a truta com sal e cúrcuma.

2 Em uma frigideira com o azeite, grelhe a truta com a pele para baixo por 5 minutos, ou até a pele ficar crocante e o peixe, cozido.

3 Para o molho, derreta a manteiga em uma frigideira. Junte o alho e refogue. Adicione a alcaparra e deixe fritar até soltar o aroma. Despeje o vinho branco, deixe ferver por 30 segundos e adicione o creme de leite. Desligue o fogo e acerte o sal.

4 Sirva o molho sobre a truta.

Purê de batata (p. 125) é um ótimo acompanhamento.

pratos principais

2 colheres (sopa) de azeite de oliva extra virgem

2 dentes de alho bem picados

1 pimenta dedo-de-moça sem sementes bem picada

100 g de cogumelo-de-paris cortado em quatro

100 g de shitake fatiado

100 g de shimeji (separe os buquês com as mãos)

sal e pimenta-do-reino a gosto

300 g de espaguete grano duro

2 colheres (sopa) de salsinha picada

queijo parmesão ralado a gosto

ESPAGUETE COM MOLHO DE COGUMELOS

Paris, shimeji, shitake, portobello, funghi seco chileno, porcini italiano: cogumelos são bons de qualquer tipo, em qualquer prato. Aproveite esta receita para fazer a combinação que mais lhe agradar.

Rende 4 porções

1 Em uma frigideira grande com azeite, refogue o alho com a pimenta dedo-de-moça. Junte os cogumelos, tempere com sal e pimenta-do-reino e refogue rapidamente para não formar muita água. Mantenha quente.

2 Cozinhe a massa em água fervente com sal até ficar al dente. Escorra.

3 Transfira a massa para a frigideira com os cogumelos e junte a salsinha.

4 Finalize com queijo parmesão e mais azeite.

pratos principais

Para o molho de pimenta

½ xícara de vinagre de arroz

½ xícara de açúcar refinado

¼ de xícara de água

3 colheres (sopa) de molho de peixe (nam pla)

2 colheres (sopa) de vinagre de vinho tinto

3 dentes de alho bem picados

4 pimentas dedo-de-moça picadas

1 colher (sopa) de amido de milho dissolvido em 2 colheres (sopa) de água

Para o peixe

1 peixe inteiro de aproximadamente 1 kg, sem escamas

suco de 1 limão

sal a gosto

200 g de farinha de trigo

óleo, para fritura por imersão

PEIXE THAI

Clima tropical, ambiente de praia: nessas horas, todos amam se deliciar com frutos do mar e pescados. No Brasil, o carro-chefe é isca de peixe frito, o gurjão; já na Tailândia o peixe frito é servido inteiro, acompanhado de uma geleia de pimenta que abala qualquer estrutura.

Rende 4 porções

1   Faça alguns talhos ao longo do peixe para o tempero penetrar bem. Tempere o peixe com o suco de limão e sal e passe pela farinha de trigo.

2   Frite em óleo quente, a 160 °C por aproximadamente 10 minutos, dependendo do tamanho do peixe.

3   Para o molho de pimenta, coloque todos os ingredientes, exceto o amido de milho, numa panela e leve ao fogo alto.

4   Quando ferver, diminua o fogo e deixe cozinhar por 15 minutos ou até reduzir pela metade.

5   Acrescente o amido de milho dissolvido e mexa sem parar até o molho engrossar.

6   Retire da panela e espere amornar.

7   Sirva o peixe frito com o molho de pimenta morno.

pratos principais

2 colheres (sopa) de azeite de oliva extra virgem
1 cebola bem picada
400 g de peito de frango picado em cubos
sal a gosto

1¼ xícara de arroz
1 cenoura picada em cubos
1 batata picada em cubos
1 litro de caldo de legumes
suco de 1 limão
orégano a gosto

COZINHADINHO

Quando jovem, costumava sair nos fins de semana para acampar nas matas de Visconde de Mauá com um grupo de amigos. A minha mochila vivia forrada de comida e possibilidades para cozinharmos na mata. Tudo começava com a busca de galhos e troncos verdes para montarmos um fogão ao ar livre. Com a estrutura pronta, e com uma brasa considerável, eu começava a cozinhar um dos pratos que o grupo mais amava: o cozinhadinho.

Rende 4 porções

1   Em uma panela com azeite, refogue a cebola. Junte o peito de frango temperado com sal e continue refogando.

2   Adicione o arroz, a cenoura, a batata, o caldo de legumes e o suco de limão. Adicione o orégano e deixe cozinhar até que o arroz esteja macio.

3   Acerte o sal e sirva.

pratos principais

2 cebolas picadas

1 pimentão verde picado

1 pimenta dedo-de-moça inteira

1 xícara de salsinha picada

sal a gosto

4 colheres (sopa) de azeite de oliva
extra virgem

1 galinha inteira cortada em pedaços,
mais o sangue da ave

1 cenoura picada

2 talos de salsão picados

2 xícaras de caldo de legumes

1 xícara de arroz parboilizado

1 xícara de vinagre de maçã ou vinho
branco

cebolinha picada a gosto

GALINHA DE CABIDELA

Estávamos gravando um dos episódios de Homens Gourmet na cidade de Bananal, no interior de São Paulo, e, ao visitar uma das fazendas remanescentes da época do café, resolvi fazer um prato com fortes influências dos nossos colonizadores. Aprendi esta receita com os funcionários do Terreiro do Paço, restaurante que o chef Vitor Sobral mantinha em Lisboa e onde trabalhei por oito meses. Eles preparavam este arroz com galinha caipira temperada com sangue e muito vinagre. Me lembro de salivar a cada garfada, com o sabor intenso do prato e o ácido do vinagre. Não conseguia parar de comer até terminar a panela inteira.

Rende **4 porções**

1 Em um pilão, amasse metade da cebola, o pimentão verde, a pimenta dedo-de-moça e a salsinha, tudo picado em pedaços pequenos. Adicione o sal e o azeite e amasse mais um pouco. Se não tiver pilão, use o liquidificador.

2 Tempere a galinha já cortada com a mistura do pilão.

3 Em seguida, frite a carne em uma panela com azeite e o tempero.

4 Adicione o restante da cebola, a cenoura e o salsão. Despeje o caldo peneirado até cobrir o frango.

5 Acrescente o arroz e deixe cozinhar. Por fim, quando o arroz já estiver cozido, junte o sangue de galinha misturado com o vinagre e uma pitada de sal. Cozinhe por mais 2 minutos.

6 Decore com cebolinha fresca.

pratos principais

Para o macarrão

1 colher (chá) de amido de milho

2 colheres (sopa) de shoyu

1 peito de frango cortado em cubinhos

240 g de talharim de arroz

3 colheres (sopa) de óleo

4 dentes de alho bem picados

¼ de xícara de caldo de frango

3 xícaras de broto de feijão

½ xícara de amendoim sem casca torrado

¼ de xícara de coentro picado

Para o molho

1 colher (sopa) de pasta de tamarindo

¼ de xícara de água quente

2 colheres (sopa) de molho de peixe (nam pla)

3 colheres (sopa) de açúcar mascavo

PAD THAI

Bangcoc, a capital da Tailândia, é riquíssima em sabores. As ruas são recheadas de feiras e mercados e perfumadas com o aroma da comida feita por ambulantes, ao ar livre. O prato mais tradicional e democrático, que se encontra em muitas esquinas da cidade, é um Pad Thai bem parecido com este.

Rende 4 porções

1 Dissolva o amido de milho no shoyu e tempere o frango. Mexa bem e reserve.

2 Para fazer o molho, dissolva a pasta de tamarindo na água quente. Adicione o molho de peixe e o açúcar, misturando sempre muito bem para dissolver. Reserve.

3 Separadamente, hidrate o talharim de arroz em água quente até ficar al dente. Coe e banhe em água gelada para interromper o cozimento. Reserve.

4 Aqueça uma wok ou frigideira com o óleo e refogue o alho. Mexa sem parar e junte o frango marinado e o caldo de frango. Mantenha no fogo por aproximadamente 5 minutos ou até que o frango esteja cozido.

5 Adicione o macarrão de arroz, mais o molho. Deixe cozinhar por aproximadamente 2 minutos, sempre mexendo muito bem.

6 Junte o broto de feijão, desligue o fogo e finalize com o amendoim e o coentro.

pratos principais

4 bifes de contrafilé (300 g cada)
1 kg de sal grosso (sim, é 1 kg mesmo!)
2 litros de leite integral gelado

CARNE DE SOL

Tenho duas lembranças muito legais com carne de sol. A primeira é de logo que me formei, quando participei de um evento na Ilha dos Açores, um paraíso português no meio do Atlântico, cujo tema era o encontro de Portugal com Brasil. Entre muitos pratos lusos e brasileiros, a carne de sol atraiu minha atenção pelo longo tempo de preparo e pela dedicação que exige. Em outra ocasião, bem mais recente, tive oportunidade de acompanhar o preparo da verdadeira carne de sol brasileira – e com ela me deliciar! – em Campo Maior, Piauí.

Rende 4 porções

1   Em uma travessa que acomode os 4 filés de forma apertada, despeje o sal por baixo e por cima da carne. Pode cobrir os filés de sal.

2   Cubra com filme de PVC e leve à geladeira por 24 horas.

3   Retire da geladeira, lave a carne em água gelada e acomode os filés na mesma travessa limpa. Cubra com o leite gelado e leve à geladeira por mais 24 horas.

4   Retire a carne do leite e passe por água gelada novamente; está pronta para usar.

Grelhe esta carne na manteiga de garrafa e bastante cebola. Sirva com mandioca cozida ou purê de banana-da-terra.

pratos principais

Esta costelinha é ideal para servir com batata frita, purê de batata, legumes grelhados ou gratin de batata.

Para a costelinha
1 costelinha de porco magra e limpa
sal e pimenta-do-reino a gosto

Para o molho BBQ
4 xícaras de ketchup (o melhor que você encontrar)
1 xícara de açúcar mascavo
1 xícara de vinagre de maçã (de boa qualidade)
½ xícara de suco de maçã
½ xícara de mel

1 colher (sopa) de molho inglês
1 colher (chá) de sal
1 colher (chá) de sementes de salsão (ou de coentro)
½ colher (chá) de pimenta rosa (aroeira) amassada
1 cebola picada em cubinhos
2 dentes de alho bem picados
1 pimenta dedo-de-moça bem picada sem sementes
1 colher (sopa) de azeite de oliva extra virgem

BBQ RIBS

Fui criado sem cerimônia, porções grandes, família na mesa. Minha mãe sempre me disse que fazer comida chique é fácil, pois muitas vezes quem está provando não tem referências para julgar o que está comendo. Cozinhar o trivial, a comida de avó, aquela que toda mãe faz, e conseguir despertar o sentimento de nostalgia nas pessoas é o grande segredo. Aprendi este prato quando trabalhei em um restaurante na Irlanda aonde as pessoas iam para comer sem frescura nenhuma.

Rende 4 porções

1. Tempere a peça de costelinha com sal e pimenta-do-reino. Se fizer no forno, envolva a carne com papel-alumínio e asse a 160 °C por aproximadamente 40 minutos. Quando estiver macia, retire o papel-alumínio, aumente o forno para 220 °C e asse por mais 10 minutos para ganhar cor. Se fizer na brasa, disponha a costelinha na parte mais alta da grelha e asse bem devagar.

2. Para o molho BBQ, misture em uma tigela, o ketchup, o açúcar mascavo, o vinagre, o suco de maçã, o mel, o molho inglês, o sal, as sementes de salsão e a pimenta rosa.

3. Refogue a cebola, o alho e a pimenta dedo-de-moça no azeite até ficarem bem macios, por uns 4 minutos. Diminua o fogo e junte o ketchup temperado. Mexa de vez em quando para não grudar. Após 30 minutos, seu molho BBQ está pronto. Guarde na geladeira por até 1 mês.

4. Para servir com a costelinha, aqueça o BBQ e despeje por cima da carne.

pratos principais

Para o spätzle
4 ovos
¼ de xícara de água
1¾ de xícara de farinha de trigo

Para os cogumelos
300 g de cogumelo-de-paris
50 g de manteiga
1 xícara de nata ou creme de leite fresco
½ xícara de caldo de carne (ou molho demi-glace, ver p. 150)

Para o frango crocante
4 filés de peito de frango
150 g de queijo coalho cortado em palitos
¾ de xícara de farinha de trigo
2 ovos
100 g de farinha panko
2 colheres (sopa) de salsinha picada
100 g de manteiga

sal, noz-moscada e pimenta-do-reino a gosto

FRANGO CROCANTE COM SPÄTZLE

Tenho que parabenizar meu grande amigo e chef Heiko Grabolle. Durante sete anos, ele sempre foi o criador dos pratos mais pedidos nos cruzeiros gourmet que organizávamos juntos. Um dos campeões de venda, com mais de 3 mil pratos vendidos em uma única noite, foi este maravilhoso prato alemão.

Rende **4 porções**

1   Para o spätzle, misture os ovos e a água e acrescente a farinha de trigo aos poucos. Tempere com sal, noz-moscada e pimenta-do-reino. Bata na batedeira por 10 minutos até obter uma massa de textura mole.

2   Por cima de uma panela com água fervente, passe a massa por um ralador no modo grosso para formar pedacinhos que cairão dentro da água. Quando subirem à superfície, estão cozidos. Retire com uma escumadeira e regue com um fio de azeite. Reserve.

3   Corte os cogumelos em quatro e refogue na manteiga. Tempere com sal. Em seguida, junte a nata e o caldo de carne. Cozinhe até engrossar e reserve.

4   Faça um corte em cada filé de frango, formando um bolsa e sem separar as partes. Recheie com o queijo coalho. Tempere com sal e pimenta-do-reino.

5   Empane os filés, passando-os pela farinha de trigo, depois pelo ovo e por fim pela panko misturada com a salsinha.

6   Derreta a manteiga e frite os filés. Sirva em seguida com o spätzle regado com molho de cogumelos.

pratos principais

800 g de coxa e sobrecoxa de frango
   com pele
1 cebola picada
2 dentes de alho picados
½ pimenta dedo-de-moça sem
   sementes picada
sal e pimenta-do-reino a gosto
1 canela em pau
1 xícara de cerveja escura

FRANGO COM CERVEJA

Pode não parecer, mas sempre fui um amante do futebol, tanto para assistir quanto para jogar. Nas minhas épocas áureas, me chamavam de Paulo Nunes, pelo vigor, pela garra e pela facilidade tremenda de fazer gol. Eu era um camisa 9 nato! Parece que foi ontem quando reuníamos o time inteiro para almoçar no restaurante da minha mãe, momentos antes da final do campeonato. Afinal de contas, como todo atleta sabe bem, saco vazio não para em pé, não é mesmo?

Rende 4 porções

1. Tempere o frango com a cebola, o alho, a pimenta dedo-de-moça, a canela, o sal e a pimenta-do-reino.

2. Em seguida, disponha os pedaços de frango em uma assadeira com a pele virada para cima. Junte o pau de canela. Regue com a cerveja e cubra com papel-alumínio.

3. Leve para assar em forno preaquecido a 180 °C por 1 hora e 30 minutos. Retire o papel-alumínio e asse por mais 30 minutos, ou até que o frango esteja dourado e o molho bem concentrado.

Pingue água na assadeira caso o molho seque antes de o frango assar por completo; se necessário, retire o caldo com uma concha para o frango assar mais rápido.

pratos principais

½ xícara de azeite de oliva extra virgem

1 xícara de cebola ralada

3 dentes de alho picados

½ xícara de cenoura ralada

2 xícaras de aspargo fresco picado

4 palmitos em conserva bem picados

½ xícara de ervilha

1 xícara de milho-verde

2 colheres (sopa) de salsinha bem picada

2 pimentas dedo-de-moça bem picadas

½ xícara de azeitonas verdes sem caroço bem picadas

2 xícaras de farinha de mandioca em flocos

3 xícaras de farinha de milho

1 litro de caldo de legumes

2 ovos cozidos cortados em fatias

½ pimentão amarelo cortado em fatias

sal a gosto

CUSCUZ PAULISTA

Em 2013, minha mãe, Rafael Andrade e eu organizamos um grande evento para divulgar a nossa Copa do Mundo em mais de quinze países através da gastronomia. No evento que aconteceu em Lisboa, cozinhei com os amigos e chefs Guga Rocha e Rodrigo Martins, e o cuscuz paulista brilhou em terras lusitanas.

Rende 4 porções

1   Numa panela com metade do azeite, refogue a cebola e o alho até ficarem dourados.

2   Acrescente a cenoura e o aspargo e deixe cozinhar por aproximadamente 5 minutos.

3   Adicione o palmito, a ervilha e o milho e deixe refogar por mais alguns minutos.

4   Junte a salsinha, a pimenta dedo-de-moça, a azeitona, as farinhas e o caldo de legumes. Tempere com sal. Mexa bem e deixe cozinhar por mais 5 minutos. Preste atenção para a massa não secar muito, deve ficar úmida. Retire do fogo.

5   Numa fôrma redonda com furo no meio previamente untada com azeite, arrume o ovo e o pimentão. Despeje a massa por cima e pressione. Deixe na geladeira por pelo menos 2 horas para firmar.

6   Desenforme e sirva em temperatura ambiente.

pratos principais

1 colher (sopa) de sal

2 colheres (sopa) de especiarias da sua preferência (gosto de usar uma mistura macerada de semente de coentro e pimenta-do-reino em grãos)

1,5 kg de barriga de porco com pele sem osso

1 cenoura fatiada no sentido do comprimento

3 talos de salsão picados

BARRIGA DE PORCO ASSADA

Nada melhor que receber os amigos com a geladeira cheia, uma linda tábua de queijos e uma bela barriga de porco assando no forno, daquelas que preenchem o ar com um aroma delicioso! Pois então, é assim que sou recebido na casa de um chef querido, um grande amigo dos tempos da faculdade. Pessoal, esta barriga de porco promete conquistar até mesmo os mais exigentes paladares!

Rende 6 porções

1 Preaqueça o forno a 200 °C.

2 Esfregue bem o sal e as especiarias por toda a barriga de porco. Disponha a cenoura e o salsão no centro. Enrole a barriga como se fosse um rocambole. Passe barbante culinário por toda a volta da peça enrolada para fechar bem e dê um nó.

3 Encaixe uma grelha dentro de uma assadeira. Coloque a barriga sobre a grelha de forma que a gordura escorra para a assadeira conforme a barriga assa.

4 Leve ao forno por aproximadamente 2 horas, até que a pele fique crocante e a carne, extremamente macia. Caso necessário, pincele manteiga ou qualquer outra gordura na pele para que não resseque enquanto a carne assa.

Escolha uma peça que tenha camadas grossas de carne, seguidas por gordura e pele. Sirva regada com suco de limão e acompanhada de uma cachacinha, claro.

pratos principais

PARA ACOMPANHAR

Nem só de carne vive o homem, então é preciso enriquecer a mesa com um desfile de acompanhamentos que estejam à altura da grande estrela da refeição. Transformei legumes, grãos e verduras em pratos deliciosos, você vai ver.

Para o molho

2 dentes de alho amassados

2 colheres (sopa) de amendoim
torrado sem casca

1 pimenta dedo-de-moça sem
sementes bem picada

½ colher (sopa) de açúcar mascavo

4 colheres (sopa) de água

1 colher (sopa) de molho de peixe
(nam pla)

suco de ½ limão

1 xícara de vagem branqueada

2 xícaras de camarão médio sem
casca, com rabo

2 xícaras de mamão papaia verde
ralado grosso ou cortado em fios

½ cenoura ralada grosso ou cortada
em fios

SALADA SOM TAM

Bangcoc, 2007. Nessa época, eu ainda morava na Irlanda e resolvi passar um tempo na Ásia para vivenciar a gastronomia local. Minha primeira parada foi em Bangkok, no Blue Elephant, onde fiz um curso de gastronomia que abriu meus horizontes. A salada Som Tam, clássico tailandês, é uma das receitas que mais amo e separei para apresentar a vocês.

Rende 4 porções

1   Começamos nossa receita pelo molho. Em um recipiente, misture o alho amassado com metade do amendoim também amassado, a pimenta dedo-de-moça, o açúcar, a água, o molho de peixe e o suco de limão. Se não tiver pilão, use o liquidificador.

2   Corte as extremidades das vagens e leve a uma panela com água fervente e sal. Deixe cozinhar por aproximadamente 2 minutos. É importante retirar quando estiver al dente. Faça o mesmo com o camarão.

3   Misture numa tigela o mamão, a cenoura, a vagem, o camarão, o restante do amendoim e o molho. Sirva gelado, em tigelas individuais.

para acompanhar

2 colheres (sopa) de azeite extra
  virgem

2 dentes de alho picados em cubinhos

½ cebola picada em cubinhos

1½ xícara de quinoa

1 colher (chá) de curry

2 xícaras de caldo de legumes

½ abacate picado em cubinhos

2 tomates sem sementes picados em
  cubinhos

1 pepino picado em cubinhos

6 azeitonas pretas

1 cebola roxa bem picada

2 colheres de sopa de azeite de oliva
  extra virgem, para temperar

sal e pimenta-do-reino a gosto

salsinha a gosto

SALADA DE QUINOA COM ABACATE E TOMATE

Minha irmã é vegetariana há muito tempo. Para um chef que cozinha para um vegetariano, a criatividade é indispensável, pois o prato não deve ser apenas saboroso, tem de ser nutritivo.

Rende 4 porções

1 Em uma panela com azeite, refogue o alho e a cebola. Acrescente a quinoa, o curry e o caldo de legumes. Cozinhe até a quinoa ficar bem macia. Deixe esfriar.

2 Caso sobre caldo, descarte. O ideal é que a quinoa fique macia e sequinha.

3 Numa saladeira, misture o abacate com o tomate, o pepino, a azeitona e a cebola roxa. Adicione a quinoa à temperatura ambiente.

4 Tempere com o azeite, sal e pimenta-do-reino e misture bem. Finalize com as folhas de salsinha.

para acompanhar

½ cebola roxa cortada em fatias
  bem finas
6 xícaras de melancia sem casca e
  sem caroço cortada em cubos
2 xícaras de queijo feta picado
suco de 1 limão-taiti
2 colheres (sopa) de vinagre
  balsâmico
folhas de hortelã a gosto
sal a gosto

SALADA DE MELANCIA

Sempre fui fã de misturar doce com salgado, amargo com ácido. Adoro brincar com os paladares e estimular as sensações. Quando o clima é de verão escaldante e não consigo pensar em comida quente e pesada, essa salada cai como uma luva na minha vida. Perfeita para acompanhar aves e peixes de carne branca.

Rende 6 porções

1   Coloque a cebola em uma tigela com água filtrada e gelo. Deixe descansar por 20 minutos nessa água bem gelada para suavizar o ardor e tirar o excesso de acidez. Retire da água, escorra bem.

2   Transfira a cebola para uma tigela e junte a melancia e feta. Regue com o suco de limão e o balsâmico. Misture com cuidado para não machucar os cubos de melancia.

3   Espalhe as folhas de hortelã por cima e tempere com sal. Deixe descansar por 15 minutos na geladeira antes de servir.

para acompanhar

½ cebola roxa cortada em fatias
bem finas

2 mangas palmer maduras sem casca
cortadas em fatias finas

½ pimenta dedo-de-moça sem
semente cortada em fatias
bem finas

suco de ½ limão-taiti

1 colher (sopa) de nam pla (molho
de peixe)

½ xícara de castanha de caju picada
grosseiramente

folhas de coentro a gosto

sal a gosto

SALADA DE MANGA APIMENTADA

*Imagine uma pessoa fã de junk food, slow food, confort food, comida saudável...
Fã de boa comida, independentemente de classificações. Essa pessoa sou eu. Quando
estou na minha fase light, detox, desejando peixes ou frango, logo penso nesta
deliciosa salada de manga. Ela é simples, rápida, saudável e extremamente saborosa.*

Rende **6 porções**

1 Coloque a cebola em uma tigela com água filtrada e gelo. Deixe descansar por 20 minutos nessa água bem gelada para suavizar o ardor e tirar o excesso de acidez. Retire da água, escorra bem.

2 Transfira a cebola para uma tigela e junte a manga e a pimenta dedo-de-moça. Regue com o suco de limão e o nam pla. Misture com cuidado para não desmanchar as fatias de manga.

3 Polvilhe a castanha de caju por cima, espalhe as folhas de coentro e tempere com sal. Deixe descansar por 15 minutos na geladeira antes de servir.

Se você é vegetariano ou vegano, substitua o nam pla por um shoyu de boa qualidade.

para acompanhar

1,5 litro de água (aproximadamente)

300 g de feijão-preto

2 colheres (sopa) de azeite de oliva
extra virgem

30 g de bacon picado em cubinhos

½ cebola média picada em cubinhos

2 dentes de alho bem picados

sal a gosto

1 colher (chá) de noz-moscada ralada

1 colher (sopa) de salsinha picada

FEIJÃO DO PAULINHO

Carioca é o campeão do feijão-preto. Certa vez fui passar as férias escolares na casa de um grande amigo da família, o chef Paulo Pinho, que preparou um feijão com uma peculiaridade de que nunca mais me esqueci na vida: noz-moscada.

Rende 4 porções

1 Em uma panela com a água, coloque o feijão para cozinhar.

2 Assim que estiver macio, comece a preparar o tempero. Em uma frigideira com o azeite, frite o bacon, a cebola e o alho até ficarem bem dourados.

3 Adicione o tempero à panela com o feijão e deixe cozinhar por mais 1 hora para apurar bem o tempero e engrossar o caldo. Acerte o sal, tempere com a noz-moscada e a salsinha e sirva.

para acompanhar

100 g de manteiga

1 cebola picada em cubinhos

4 dentes de alho bem picados

2 bananas-prata médias picadas
   maduras

150 g de farinha de mandioca fina

100 g de farinha de milho flocada

sal a gosto

2 colheres (sopa) de salsinha picada

FAROFA DE BANANA

Sou um alucinado por farofa. Quando refogada na manteiga com banana, então, eu vou à Lua. Gosto das combinações mais estranhas: macarrão, feijão e farofa de banana; estrogonofe e farofa de banana; lasanha e farofa de banana. Não disse que era farofeiro?

Rende 4 porções

1 Em uma panela com a manteiga, frite a cebola e o alho até ficarem bem dourados. Você vai notar que a manteiga vai começar a espumar. Quando atingir esse ponto, fique atento para não queimar a cebola e o alho.

2 Junte as bananas e refogue. Adicione a farinha de mandioca e a de milho. Diminua o fogo e torre as farinhas por poucos minutos. Acerte o sal, desligue o fogo e acrescente a salsinha. Sirva quentinha.

para acompanhar

⅓ de xícara de azeite de oliva extra
  virgem (da melhor qualidade
  possível)
2 dentes de alho bem picados
½ cebola bem picada
½ xícara de vinho branco
300 g de espinafre
100 g de casca de aboborinha
sal a gosto

ESPARREGADO

Assim que me formei na faculdade de gastronomia, fui trabalhar no Terreiro do Paço, renomado restaurante em Lisboa. Achava que estava pronto para comandar um restaurante, mas é claro que, pouco tempo depois, a realidade me mostrou que ainda tinha muito a aprender. Com tempo e dedicação, comecei a preparar guarnições como esta, até enfim conquistar um espaço na cozinha principal do restaurante.

Rende 4 porções

1. Em uma panela com 2 colheres (sopa) de azeite, refogue o alho e a cebola. Acrescente o vinho branco, deixe cozinhar por 2 minutos, retire do fogo e deixe esfriar. Reserve.

2. Coloque 2 litros de água para ferver. Quando estiver borbulhando, escalde o espinafre por 1 minuto. Retire da água fervente e coloque em uma tigela com água gelada para interromper o cozimento e realçar a cor. Repita o processo com as cascas de abobrinha.

3. Em um liquidificador, adicione o restante do azeite e o refogado de cebola, alho e vinho. Na sequência, junte as cascas de abobrinha e o espinafre bem escorridos. Bata tudo até obter um purê bem verde. Tempere com sal.

4. Sirva com aves ou carne de porco.

para acompanhar

500 g de batata-inglesa descascada
¼ de xícara de leite integral
150 g de manteiga com sal gelada
sal e noz-moscada a gosto

PURÊ DE BATATA

*Este purê é maravilhoso; sempre amei manteiga,
e por aqui teremos doses cavalares dela.*

Rende 4 porções

1   Cozinhe as batatas em água com sal, até ficarem macias.

2   Passe as batatas ainda quentes por um espremedor ou amasse com um garfo e devolva à panela.

3   Em fogo baixo, acrescente o leite e a manteiga aos poucos, sempre batendo bem para incorporar o líquido e dar brilho ao purê.

4   Tempere com sal e noz-moscada e sirva em seguida.

para acompanhar

5 a 6 xícaras de caldo de legumes ou velouté (p. 152)
½ envelope de açafrão
4 colheres (sopa) de azeite de oliva extra virgem
½ cebola picada em cubinhos

2 xícaras de arroz para risoto (arbóreo, carnaroli ou vialone nano)
½ xícara de vinho branco
½ xícara de queijo parmesão ralado
1 colher (sopa) de manteiga
sal a gosto

RISOTTO ALLA MILANESE

Servido como acompanhamento de uma carne bem suculenta, como o ossobuco da página 71, ou como prato principal, este prato é certamente a melhor pedida quando trata-se de risoto.

Rende 4 porções

1. Em uma panela, coloque o caldo de legumes ou o velouté para esquentar. Assim que ferver, adicione o açafrão. O caldo deverá ganhar cor amarelada. Mantenha aquecido.

2. Em outra panela com o azeite, refogue a cebola. Adicione o arroz e cozinhe por 1 minuto. Junte o vinho e espere que o álcool evapore.

3. A partir daí, comece a acrescentar conchas de caldo quente ao arroz. Mexendo com frequência, incorpore o caldo até que o arroz esteja cozido al dente.

4. Desligue o fogo, acrescente o parmesão ralado e a manteiga. Misture bem para trazer cremosidade e brilho ao risoto. Acerte o sal e sirva em seguida.

para acompanhar

5 a 6 xícaras de caldo de legumes
(da sua preferência)
4 colheres (sopa) de azeite de oliva
extra virgem
½ cebola picada em cubinhos
2 xícaras de arroz para risoto
(arbóreo, carnaroli ou vialone nano)

½ xícara de vinho branco
suco e raspas da casca de
1 limão-siciliano
½ xícara de queijo parmesão ralado
2 colheres (sopa) de manteiga
sal a gosto

RISOTO DE LIMÃO-SICILIANO

"Chef, não sei que acompanhamento preparar para servir com um peixe assado ou grelhado. O que você sugere?" A minha resposta: "Risoto de limão-siciliano, claro!"

Rende 4 porções

1 Em uma panela, coloque o caldo de legumes para esquentar. Assim que ferver, abaixe o fogo e mantenha aquecido.

2 Em outra panela com o azeite, refogue a cebola. Adicione o arroz e cozinhe por 1 minuto. Junte o vinho e espere que o álcool evapore.

3 A partir daí, comece a acrescentar conchas de caldo quente ao arroz. Mexendo com frequência, incorpore o caldo até que o arroz esteja cozido al dente.

4 Desligue o fogo, adicione o suco de limão, o parmesão ralado e a manteiga. Misture bem para trazer cremosidade e brilho ao risoto. Acerte o sal.

5 Na hora de servir, polvilhe com as raspas de limão-siciliano.

para acompanhar

5 a 6 xícaras de caldo de legumes

4 colheres (sopa) de azeite de oliva
   extra virgem

½ cebola picada em cubinhos

2 xícaras de arroz para risoto
   (arbóreo, carnaroli ou vialone nano)

½ xícara de vinho branco

2 colheres (sopa) de manteiga, para
   refogar o shitake

1 dente de alho bem picado

1 bandeja de shitake (200 g)

sal a gosto

½ xícara de queijo parmesão ralado

2 colheres (sopa) de manteiga, para
   finalizar

2 colheres (sopa) de salsinha picada

RISOTO DE SHITAKE

Este risoto é perfeito para acompanhar carnes vermelhas, sobretudo cordeiro.

Rende 4 porções

1   Em uma panela, coloque o caldo de legumes para esquentar. Assim que ferver, abaixe o fogo e mantenha aquecido.

2   Em outra panela com o azeite, refogue a cebola. Adicione o arroz e cozinhe por 1 minuto. Junte o vinho e espere que o álcool evapore.

3   A partir daí, comece a acrescentar conchas de caldo quente ao arroz. Mexendo com frequência, incorpore o caldo até que o arroz esteja cozido al dente.

4   Enquanto isso, em uma frigideira com a manteiga, frite o alho até ficar dourado. Com o fogo bem alto, adicione o shitake e refogue por 1 minuto. Desligue o fogo, tempere com sal e reserve.

5   Desligue o fogo, acrescente ao risoto o shitake refogado, o queijo ralado e a manteiga. Misture bem para trazer cremosidade e brilho ao risoto. Acerte o sal, tempere com salsinha e sirva.

para acompanhar

500 g de abóbora cabotiã (japonesa)
com casca
6 colheres (sopa) de azeite de oliva
extra virgem
2 colheres (chá) de páprica doce
4 galhinhos de tomilho
sal a gosto
8 dentes de alho com casca

PURÊ DE ABÓBORA

*Amo purê de abóbora para acompanhar qualquer tipo de carne, frango, peixe...
É uma combinação maravilhosa. Prove e comprove.*

Rende **4 porções**

1 Lave bem a casca da abóbora. Após higienizada, corte em fatias de aproximadamente um dedo de espessura.

2 Tempere com metade do azeite, a páprica, o tomilho e o sal.

3 Transfira tudo para uma assadeira, junte o alho e leve ao forno preaquecido a 180 °C por 40 minutos.

4 Assim que a abóbora estiver bem assada e macia, retire do forno e passe para outro recipiente.

5 Desfolhe os galhos de tomilho e descasque o alho. Junte tudo à abóbora.

6 Com o auxílio de um garfo, amasse a abóbora com as folhas de tomilho e o alho para fazer um purê rústico. Junte o restante do azeite, acerte o sal e sirva em seguida.

Deixe o alho na casca para não queimar enquanto assa.

para acompanhar

MOLHOS

Não há boa comida sem uma boa base, seja de teoria, de vivência ou de ingredientes. No meu caso, a base são os molhos, o quinteto de ouro francês: bechamel, velouté, espagnole, hollandaise e tomate. Vem comigo que eu te ensino!

(foto p. 138)

4 gemas
1 colher (sopa) de suco de limão
½ xicara de manteiga derretida
sal e pimenta-do-reino a gosto

MOLHO HOLLANDAISE

Vamos entrar no mundo dos molhos à base de ovos pela porta da frente: o hollandaise é um dos mais importantes molhos da culinária francesa.

Rende 4 porções

1. Bata com o auxílio de um fouet ou batedeira as gemas com o suco de limão, até que a mistura fique fofa e esbranquiçada.
2. Com a mistura em uma tigela (preferencialmente de inox, para melhor absorver o calor), leve ao banho-maria. Importante: a tigela não deve encostar na água.
3. Mexa sem parar com um fouet para que não empelote. A mistura deve cozinhar somente no vapor da água fervente. Ela deve ganhar uma textura espumosa.
4. Ainda no banho-maria, despeje a manteiga derretida em fio, batendo sempre muito bem para incorporá-la. O processo é parecido com o de uma maionese.
5. Quando tiver incorporado toda a manteiga, retire do vapor do banho-maria e tempere com sal e pimenta.

O molho deverá ser usado assim que preparado, mas, se precisar, reserve por até 1 hora e mantenha-o coberto com filme de PVC em lugar morno até servir. Este molho fica perfeito para se apreciar com os famosos ovos benedict.

(foto p. 138)

½ xícara + 1 colher (sopa) de manteiga

2 colheres (sopa) de cebola ralada

2 colheres (sopa) de vinagre de vinho branco

4 gemas

1 colher (sopa) de suco de limão

1 colher (sopa) de água morna

1 colher (sopa) de estragão fresco picado (se não encontrar, pode ser o seco)

1 colher (sopa) de pimenta-do-reino preta em grãos

sal a gosto

MOLHO BÉARNAISE

Este molho é preparado da mesma forma que o hollandaise (p. 136), só que é ainda mais trabalhado e saboroso.

Rende 4 porções

1 Derreta 1 colher (sopa) de manteiga. Adicione a cebola e mexa bem. Junte o vinagre e deixe cozinhar em fogo baixo por 5 minutos, ou até que o cheiro forte de vinagre evapore. Transfira a mistura para outro recipiente e deixe esfriar completamente.

2 Bata com o auxílio de um fouet ou na batedeira as gemas com o limão e a água morna, até que a mistura fique fofa e esbranquiçada.

3 Enquanto as gemas batem, derreta ½ xícara de manteiga até aquecer bem. Transfira da panela para uma jarra com bico.

4 Diminua a velocidade da batedeira e despeje a manteiga quente em fio sobre a mistura de gemas, até virar um molho com textura de maionese.

5 Transfira o molho para uma tigela e acrescente delicadamente a mistura de vinagre com o estragão. Acerte a pimenta e o sal.

Se após o passo 4 parecer que as gemas não estão cozidas, use a técnica de banho-maria descrita no passo 2 da p. 136.

molhos

Molho hollandaise (receita p. 136)

Molho béarnaise (receita p. 137)

Molho de tomate clássico
(receita p. 140)

Molho de mostarda
(receita p. 141)

(foto p. 139)

1 colher (sopa) de azeite de oliva extra
  virgem
1 dente de alho amassado
500 g de tomate picado em cubos
2 galhos de manjericão

MOLHO DE TOMATE CLÁSSICO

Tomates, alho e manjericão: o melhor molho de tomate que já experimentei não precisa de mais nada, além do toque de um bom azeite para arrematar tudo com muito sabor.

Rende 4 porções

1   Em uma panela com o azeite, refogue o alho.

2   Acrescente o tomate e o manjericão.

3   Diminua o fogo para o mínimo e deixe cozinhar até apurar bem e o molho ficar espesso.

4   Retire o manjericão e reserve o molho para quando for usar.

(foto p. 139)

1 litro de bechamel
(veja receita na p. 146)
2 colheres (sopa) cheias de mostarda
de Dijon

2 colheres (sopa) cheias de semente
de mostarda
1 colher (sopa) de manteiga gelada
sal a gosto

MOLHO DE MOSTARDA

Este molho é ideal para servir com carnes ou com uma massa bem larga, tipo um papardelle. Escolha um bom vinho e aproveite!

Rende 4 porções

1 Em uma panela com o bechamel quente, incorpore a mostarda de Dijon e as sementes.

2 Adicione a manteiga, para dar brilho, e acerte o sal antes de servir.

molhos

2 kg de ossos (de qualquer parte do boi, de preferência costela)

¼ de xícara de óleo

1 cebola grande picada em cubos grandes

2 talos de salsão picados grosseiramente

1 cenoura grande picada em rodelas

60 g de extrato de tomate

1 buquê garni (maço de ervas frescas presas por um barbante: use sálvia, tomilho, alecrim, louro e salsinha)

8 litros de água

½ xícara de farinha de trigo

60 g de manteiga

MOLHO ESPAGNOLE

Parece que foi ontem que recebi um saco cheio de ossos na cozinha da faculdade. Logo me perguntei o que faria com aquilo, e a resposta veio rápido: naquele dia produziríamos caldos franceses, e os ossos seriam a base das receitas.

Rende 4 porções

1 Começamos nosso molho com a torra dos ossos. Em uma assadeira, espalhe bem os ossos e leve ao forno quente por aproximadamente 1 hora. Deixe tostar bem para retirar qualquer vestígio de gordura.

2 Em uma frigideira com o óleo, refogue a cebola, o salsão e a cenoura até caramelizar. Reserve.

3 Retire os ossos do forno, descarte a gordura restante e passe-os para uma panela. Misture com os legumes caramelizados, o extrato de tomate e o buquê garni.

4 Acrescente a água e deixe cozinhar por 12 horas (sim, DOZE horas) em fogo muito baixo. O ideal é deixar da noite para o dia.

5 Assim que o caldo estiver bem escuro e tiver reduzido bastante, retire o buquê garni e comece a produzir o roux escuro, que é a mistura de farinha com manteiga.

6 Para o roux, misture a farinha com a manteiga em uma panela. Deixe aquecer em fogo médio até atingir uma cor dourada escura. Com uma concha, despeje aos poucos o caldo no roux. Misture até obter um creme bem liso, tipo um glacê. Junte esse glacê à panela de molho, para que engrosse.

molhos

Não colocamos sal neste molho. Ele é base para outras preparações feitas com o molho de carne.

Molho de gorgonzola
1 litro de bechamel
  (veja receita na p. 146)
150 g de gorgonzola

Molho bechamel
(veja receita na p. 146)

Molho de parmesão
1 litro de bechamel
  (veja receita na p. 146)
200 g de parmesão ralado fino

MOLHO DE QUEIJO

Escolha o queijo de sua preferência e faça um molho prático para qualquer macarrão.

Rende 4 porções

Em uma panela com o bechamel quente, misture o queijo da sua preferência ralado ou em pedacinhos, mexendo sempre até incorporar tudo.

Molho de queijo de cabra

1 litro de bechamel
 (veja receita na p. 146)
100 g de queijo de cabra

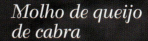

Molho de quatro queijos

1 litro de bechamel
 (veja receita na p. 146)
50 g de mozarela
50 g de requeijão
50 g de provolone
20 g de gorgonzola ou outro
 queijo da sua preferência

(foto p. 144)

5 colheres (sopa) de manteiga
5 colheres (sopa) de farinha de trigo
5 xícaras de leite
½ cebola
4 cravos-da-índia
sal e noz-moscada a gosto

MOLHO BECHAMEL

Também conhecido como "molho branco", é a base para o delicioso molho de queijo para massas, o molho para peixes, o molho de mostarda para carnes vermelhas ou um simples creme branco para panquecas.

Rende 4 porções

1. Em uma panela, derreta a manteiga com a farinha de trigo. Deixe cozinhar em fogo médio por 2 minutos.
2. Junte o leite aos poucos, sempre mexendo bem para não empelotar.
3. Corte a cebola ao meio e espete os cravos nela.
4. Quando o molho tiver incorporado todo o leite e começar a engrossar, adicione a cebola com cravo e deixe cozinhar em fogo bem baixo por 25 minutos.
5. Tempere com sal e noz-moscada. Caso o molho engrosse muito, acrescente mais leite.

molhos

(foto p. 149)

1 litro de velouté
   (veja receita na p. 152)
1²/₃ xícara de vinho branco
1 ramo de alecrim
1 colher (sopa) de pimenta-do-reino
   preta em grãos
2 colheres (sopa) de manteiga gelada
sal a gosto

MOLHO DE VINHO BRANCO

*Este molho fica leve e saboroso e tem o poder de transformar
o franguinho básico do dia a dia num prato superespecial!
Use um bom vinho e o sabor será ainda melhor.*

Rende 4 porções

1 Em uma panela, com fogo baixo, misture o velouté com o vinho, o alecrim
e a pimenta em grãos.

2 Deixe no fogo por 30 minutos, desligue e incorpore a manteiga.

3 Tempere com sal, coe e sirva quente.

molhos

Molho de vinho branco (receita p. 147)

(foto p. 148)

1 litro de molho espagnole
  (veja receita na p. 142)
1 xícara de vinho tinto
2 colheres (sopa) de pimenta-do-reino
  preta em grãos
1 colher (sopa) de zimbro

MOLHO DEMI-GLACE

O demi-glace é a versão mais leve e mais suave do espagnole.

Rende 4 porções

1 Misture todos os ingredientes e leve ao fogo baixo por 2 horas.

2 Coe e sirva bem quente sobre pratos à base de carne.

3 Se necessário, pingue um pouco de água para suavizar o molho.

molhos

(foto p. 148)

1 litro de molho demi-glace

1 xícara de vinho tinto

1 cebola cortada grosseiramente

1 colher (sopa) de pimenta-do-reino
  em grãos

½ folha de louro

1 ramo de tomilho

60 g de manteiga gelada

MOLHO BORDELAISE

Se o demi-glace já é bom, imagine o bordelaise, que é triplamente trabalhado.
Este molho começa lá no espagnole, bem amargo, potente, bruto.
Ganha suavidade no demi-glace e atinge seu ápice:
o molho de carne aveludado que todos nós amamos.

Rende 4 porções

1   Misture o demi-glace com todos os ingredientes, exceto a manteiga. Leve ao fogo bem baixo por 1 hora.

2   Se necessário, pingue um pouco de água para deixar o molho mais líquido.

3   Coe e volte à panela. Misture a manteiga para dar brilho e cremosidade ao molho.

molhos

Para o caldo

4 litros de água

1 kg de ossos de frango

1 cebola cortada em cubos grandes

1 cenoura cortada em rodelas grandes

2 talos de salsão picados
grosseiramente

1 buquê garni (maço de ervas frescas
presas por um barbante: use sálvia,
tomilho, alecrim, louro e salsinha)

Para finalizar o molho

1 colher (sopa) de manteiga

1 colher (sopa) de farinha de trigo

3½ xícaras de caldo de frango

1 xícara de creme de leite fresco

sal e pimenta-do-reino a gosto

VELOUTÉ DE FRANGO

Como o próprio nome já diz, o velouté é um um molho leve, "pálido", feito de ossos não torrados. A cremosidade vem do roux (mistura de farinha com manteiga) muito bem-feito e da qualidade dos ossos que utilizarmos para produzi-lo.

Rende **4 porções**

1   Em uma panela com água, misture todos os ingredientes do caldo e leve para ferver.

2   Assim que levantar fervura, diminua bem o fogo e deixe cozinhar por 3 horas.

3   O caldo estará pronto quando estiver com o sabor bem concentrado e a cor bem clara. Coe e reserve.

4   Em outra panela, derreta a manteiga com a farinha. Acrescente o caldo aos poucos, mexendo sempre para não empelotar.

5   Quando o caldo estiver bem incorporado à farinha e à manteiga, adicione o creme de leite e deixe cozinhar por mais alguns minutos.

6   Acerte o sal e a pimenta.

A textura do velouté, diferentemente do bechamel, é a de um molho bem líquido, leve.

molhos

3 colheres (sopa) de azeite de oliva
extra virgem

1 kg de cascas de camarão (pode
incluir as cabeças)

½ cebola cortada em cubos grandes

½ cenoura cortada em rodelas

1 talo de salsão picado
grosseiramente

2 colheres (sopa) de extrato de tomate

2 galhos de tomilho

1 folha de louro

sal e pimenta-do-reino a gosto

2 litros de água

½ colher (sopa) de manteiga

½ colher (sopa) de farinha de trigo

1 xícara de creme de leite fresco

BISQUE DE CAMARÃO

*O bisque é muito versátil, porque pode ser servido de duas maneiras:
mais encorpado, transforma-se numa sopa aveludada e saborosa;
mais fluido, torna-se um molho maravilhoso para acompanhar um peixinho.*

Rende 4 porções

1 Em uma panela com azeite, em fogo alto, torre as cascas do camarão até ficarem bem vermelhas; esse processo deve demorar cerca de 4 minutos se a chama do seu fogão for forte.

2 Adicione a cebola, a cenoura e o salsão. Deixe todos caramelizarem e ganharem uma cor dourada.

3 Junte o extrato de tomate, o tomilho, o louro, um pouco de sal, pimenta e a água.

4 Em fogo baixo, deixe cozinhar por 2 horas. Coe o caldo, volte para a panela em fogo baixo.

5 Em outra panela, derreta a manteiga. Junte a farinha de trigo e cozinhe por 2 minutos. Adicione uma concha do caldo à essa mistura, mexendo sempre muito bem para não empelotar, até dissolver.

6 Transfira para a panela maior com o caldo e junte o creme de leite fresco. Acerte o sal e deixe levantar fervura. Desligue o fogo e acrescente a manteiga gelada para dar brilho no molho.

molhos

4 colheres (sopa) de azeite de oliva
extra virgem

50 g de bacon cortado em cubinhos

½ cebola cortada em cubinhos

½ cenoura cortada em cubinhos

2 dentes de alho picados

400 g de carne moida

sal e pimenta-do-reino a gosto

1 folha de louro

1 kg de tomate sem pele e sem
sementes cortado em cubos

MOLHO À BOLONHESA

Este molho é uma derivação dos ragus italianos e franceses, que usam carne de boi ou de porco bem picadinha na ponta da faca. Aqui no Brasil, a gente usa a carne moída, mas o sabor e a suculência não devem nada à versão original.

Rende 4 porções

1 Em uma panela com o azeite, refogue o bacon. Junte a cebola, a cenoura e o alho e refogue até ficarem bem dourados.

2 Acrescente a carne moída e frite bem em fogo alto, até secar toda a água contida na carne.

3 Tempere com sal e pimenta-do-reino. Junte o louro e o tomate.

4 Diminua o fogo e deixe cozinhar por aproximadamente 40 minutos, até que o molho apure e fique bem concentrado.

molhos

SOBREMESAS

Como ninguém é de ferro, gosto de arrematar um belo jantar ou um almoço demorado com um docinho. Tem dias que prefiro os gostos mineiros da minha infância, em outros busco novos sabores e combinações. Aqui você encontra um pouco de tudo isso.

Para a massa
½ xicara de água
2 colheres (sopa) de manteiga
sal a gosto
½ xicara de farinha de trigo
2 ovos

Para a ganache
½ xicara de creme de leite sem soro
150 g de chocolate meio amargo
   cortado em pedaços pequenos

Para o recheio
200 g de sorvete de creme

PROFITEROLES COM CALDA DE CHOCOLATE

A minha memória não passa nem perto da perfeição. Quando se trata de datas e nomes, pode ter certeza de que vou cometer uma gafe. Não me lembro do nome do restaurante que frequentávamos todos os fins de semana na minha infância, mas a receita de profiteroles com calda quente de chocolate eu jamais esqueci.

Rende 4 porções

1   Para a massa, leve ao fogo uma panela quente com a água, a manteiga e um pouco de sal. Deixe derreter a manteiga.

2   Acrescente a farinha, mexendo bem para não empelotar. Deixe cozinhar até a massa soltar do fundo da panela.

3   Coloque a massa na batedeira e deixe bater bem devagar, esfriando aos poucos. Adicione os ovos, ainda com a batedeira ligada, até obter uma massa homogênea. Quando a massa estiver fria, coloque-a em um saco de confeitar. Sobre uma assadeira, aperte o saco de confeitar e faça bolinhas.

4   Leve ao forno preaquecido a 200 °C por 10 minutos, depois baixe a temperatura para 180 °C e deixe por mais 10 minutos.

5   Para a ganache, aqueça o creme de leite até quase ferver. Retire do fogo e misture com o chocolate. Deixe descansar por 5 minutos, até o chocolate derreter por inteiro. Misture bem e reserve em temperatura ambiente.

6   Para montar, corte as bolinhas ao meio e recheie cada uma com sorvete de creme. Disponha em uma taça e despeje a ganache por cima.

sobremesas

1 xícara de água
2 colheres (sopa) de margarina
ou manteiga
1 xícara de farinha de trigo

uma pitada de sal
óleo, para fritar em imersão
açúcar e canela, para polvilhar
150 g de doce de leite

MASSA DE CHURROS

Sou daqueles que acham que a comida é capaz de selar a paz em qualquer ambiente hostil. Quando se trata de uma friturinha, coberta com açúcar e canela, que pode ser recheada com doce de leite ou chocolate cremoso, ah!, minha crença se torna ainda mais forte! Gente, como comer churros é bom!

Rende 4 porções

1. Numa panela, coloque a água e a manteiga e deixe levantar fervura. Adicione a farinha e misture bem, até formar uma massa que solte do fundo da panela.

2. Retire do fogo e, na batedeira, bata a massa até ficar bem lisa e fria. Adicione o sal.

3. Transfira a massa para a máquina de churros manual e modele os churros.

4. Aqueça o óleo e frite a massa do tamanho que desejar.

5. Para finalizar, polvilhe com açúcar e canela e sirva com doce de leite.

Existem alguns modelos de máquina de fazer churros que são bem baratinhos. Feitos de plástico, podem ser encontrados em lojas de utilidades domésticas ou na internet.

sobremesas

1 litro de leite cru (sem ser
  pasteurizado, diretamente da vaca)
½ xícara de açúcar refinado

DOCE DE LEITE
DO GOSTO COM GOSTO

Imagine o seguinte: uma charrete puxada a cavalo chega à sua porta para entregar o leite que foi tirado há poucas horas. Um grande fogão a lenha é aceso, sobre o qual repousa um imenso tacho de cobre. Ali é feito o mais puro doce de leite que já conheci: o doce de leite do restaurante Gosto com Gosto. Mas não desanime: mesmo que na sua casa não haja um fogão a lenha ou uma charrete entregando leite fresquinho, basta seguir esta receita para obter o mesmo resultado.

Rende 4 porções

1 Misture os dois ingredientes até dissolver o açúcar.

2 Leve ao fogo baixo, mexendo sempre muito bem, até levantar fervura leve.

3 Continue mexendo por aproximadamente 4 horas ou até o leite ficar com textura de creme.

4 Retire do fogo. Transfira para um recipiente limpo, deixe esfriar, tampe e mantenha na geladeira.

Na hora de mexer o doce de leite, coloque um pires ou um pratinho virado com a boca para baixo no fundo da panela. Com o calor, ele se movimentará e seu movimento será semelhante ao da colher mexendo.

4 bananas-prata maduras amassadas
1 xícara de castanha de caju picada
1½ xícara de aveia em flocos
4 colheres (sopa) de mel
manteiga, para untar

COOKIE DE BANANA COM AVEIA

Recebo um e-mail da Record: "Dalton, precisamos que você faça uma receita de cookie fácil, muito barata e com pouquíssimos ingredientes. O que você sugere?" Pesquisei em dezenas de livros, buscando inspirações, mas nada me chamava atenção. Foi quando reparei na Aninha, a minha sobrinha, comendo banana, aveia e mel, tudo bem amassadinho no prato. Olhei para aquela mistura supernutritiva e saborosa, fiz umas bolinhas e coloquei no forno. E não é que deu certo?

Rende 4 porções

1   Misture a banana, a castanha, a aveia e o mel até obter uma massa.

2   Em uma forma com papel-manteiga untada com manteiga, disponha colheradas da massa, em forma de bolinhas.

3   Leve ao forno preaquecido a 180 °C por aproximadamente 15 minutos.

4   Retire do forno. Pode ser servido quente ou frio.

sobremesas

250 g de chocolate meio amargo
100 g de manteiga sem sal
3 claras
5 gemas

¼ de xícara de açúcar
⅓ de xícara de farinha de trigo
manteiga e farinha, para untar as
  forminhas

PETIT GÂTEAU

Quando falamos em petit gâteau, a lembrança do bolinho de chocolate quente com o miolo cremoso é exatamente o que nos conforta. No início de 2009, durante os testes para o cardápio do meu primeiro restaurante, o Yuca Gourmet, a sobremesa mais votada entre o júri de amigos e familiares foi este petit gâteau, que lá era servido com frozen de açaí. Aliás, fica aqui essa dica maravilhosa de acompanhamento para esta receita.

Rende 4 porções

1. Derreta o chocolate com a manteiga em banho-maria. Cuidado para não pingar água dentro do chocolate: isso fará com que ele desande.

2. Bata as claras em neve na batedeira e reserve.

3. Também na batedeira, bata as gemas com o açúcar até dobrar de volume. Misture as gemas batidas ao chocolate derretido. Junte as claras em neve ao creme de chocolate. Acrescente a farinha aos poucos e delicadamente. Cubra o recipiente e leve à geladeira por 1 hora, no mínimo.

4. Unte forminhas individuais com manteiga e farinha. Com o auxílio de uma colher, disponha a massa de chocolate até a metade da fôrma.

5. Leve ao forno preaquecido a 180 °C por aproximadamente 8 minutos. O ideal é retirar do forno quando o meio estiver mole e as bordas cozidas.

6. Desenforme e sirva a seguir.

sobremesas

Para o crumble (farofinha)

120 g de farinha de amêndoas

80 g de açúcar demerara

80 g de manteiga gelada cortada em cubos

½ colher (chá) de extrato de baunilha

½ colher (chá) de fermento químico em pó

Para o recheio de maçã

500 g de maçã verde cortada em cubos médios e sem caroço

100 g de amêndoas laminadas

½ xícara de açúcar

CRUMBLE DE MAÇÃ

Imagine uma maçã assada, suculenta, com uma farofa crocante por cima? Não tem como ser ruim, certo? Em uma das edições do cruzeiro temático gastronômico que organizo todos os anos, preparei esta receita para o jantar principal do navio. Resultado: mais de 2 mil pratos servidos numa única noite, sucesso total.

Rende 4 porções

1 Para o crumble, misture com a mão todos os ingredientes até obter uma farofa grudenta.

2 Para o recheio, coloque em uma panela as maçãs, as amêndoas e o açúcar e deixe caramelizar rapidamente, por cerca de 5 minutos. Retire do fogo quando o açúcar estiver derretido e envolvido na maçã com amêndoas.

3 Transfira as maçãs para uma travessa e cubra com o crumble.

4 Leve ao forno preaquecido a 200 °C, até dourar bem a farinha e terminar de cozinhar a maçã.

Sirva com sorvete ou chantili.

sobremesas

Para a pâte sucrée (massa doce)
100 g de farinha de trigo
50 g de manteiga gelada
20 g de açúcar
1 gema
½ colher (chá) de extrato de baunilha

Para o doce de tomate
400 ml de água
200 g de açúcar
5 ramos médios de manjericão
200 g de tomate débora, sem sementes
  e fatiados em lâminas
1 pimenta dedo-de-moça inteira
folhas de manjericão, para decorar

BISCOITINHOS COM DOCE DE TOMATE

Sei que usar tomates na sobremesa não é uma coisa comum, mas confie em mim: este doce é uma delícia! O segredo está em escolher tomates maduros e mais adocicados e cortá-los bem fininho.

Rende 4 porções

1 Para a pâte sucrée, misture com a mão a farinha e a manteiga. Incorpore o açúcar, a gema e o extrato de baunilha e aperte a massa até derreter toda a manteiga e ficar homogênea. Envolva a massa em filme de PVC e leve à geladeira por 30 minutos.

2 Para o doce de tomate, misture em uma panela a água com o açúcar e acrescente o manjericão. Leve ao fogo até levantar fervura. Adicione o tomate e a pimenta e deixe cozinhar. Quando estiver macio, retire do fogo e deixe esfriar. Leve à geladeira e mantenha gelado.

3 Abra a massa sobre a bancada e corte discos com um copo ou um cortador de biscoitos grandes. Transfira para uma assadeira e leve ao forno preaquecido a 150 °C até assar por completo e ficar crocante. Tome cuidado para não queimar.

4 Retire a massa do forno e espere esfriar. Disponha o doce de tomate por cima. Decore com folhas de manjericão.

sobremesas

500 g de chocolate meio amargo

200 g de manteiga sem sal

6 ovos

4 gemas

300 g de açúcar

250 g de farinha de trigo

1 xícara de nozes picadas

BROWNIE

Em casa, não se podia falar em brownie que a minha irmã era sempre a primeira a se pronunciar. Espírito de formiga, daquelas que amam chocolate, até hoje vive pedindo para eu preparar este brownie pra ela.

Rende 4 porções

1   Derreta o chocolate com a manteiga em banho-maria. Cuidado para não pingar água dentro do chocolate: isso fará com que ele desande.

2   Bata os ovos e as gemas com o açúcar na batedeira por 10 minutos.

3   Misture os ovos batidos com o chocolate usando uma espátula, delicadamente.

4   Peneire a farinha de trigo e incorpore ao creme de chocolate. Adicione as nozes.

5   Forre uma fôrma com papel-manteiga (caso não tenha, unte com manteiga e polvilhe com farinha de trigo) e despeje a massa. Leve ao forno preaquecido a 180 °C por aproximadamente 20 minutos.

O brownie, diferentemente do bolo, estará pronto com o centro ainda molhadinho, úmido. O palito seco não deverá ser usado como referência nesta receita.

sobremesas

60 g de coco ralado fresco

30 g de manteiga em temperatura
   ambiente

4 gotas de extrato de baunilha

1¼ xícara de açúcar

10 gemas peneiradas

QUINDIM

Passei a apreciar os doces feitos com gemas após a minha passagem pelas pastelarias de Portugal. Ovos moles de Aveiro, travesseiro de Cintra, toucinho do céu, esses doces me fazem salivar só de olhar. Quando voltei ao Brasil, inspirado por essas delícias, estava pronto para criar minha própria receita de quindim.

Rende 4 porções

1. Numa tigela, misture todos os ingredientes, exceto as gemas.

2. Adicione as gemas peneiradas e misture delicadamente. Depois de acrescentá-las não bata a mistura: isso clareia a massa e muda a estrutura do quindim.

3. Em forminhas untadas com manteiga e polvilhadas com açúcar, distribua a massa. Leve ao forno preaquecido a 180 °C, em banho-maria, até o quindim ganhar consistência e firmar.

Quando for peneirar as gemas, deixe escorrer lentamente sem pressionar com colher ou outro utensílio. Isso pode demorar um pouco, mas garante que seu quindim não fique com cheiro e gosto de ovo.

200 g de chocolate meio amargo bem
  picado
125 g de manteiga sem sal
6 ovos, gemas e claras separadas
75 g de açúcar cristal
300 ml de leite
300 g de biscoito tipo champanhe

CHARLOTTE DA SILVIA

Nos anos 1990, havia em Visconde de Mauá a farmácia do Ivan. A mulher dele, a Silvia, preparava uma sobremesa que nunca mais vi em lugar nenhum, nunca mais provei e, para ser bem sincero, só comeria novamente se ela mesma fizesse para mim. Esta é uma releitura, baseada na minha memória gustativa, guardada com muito carinho. Garanto que não é o mesmo doce da Silvia, mas é bem gostoso também.

Rende **8 porções**

1 Aqueça uma panela com água. Em uma tigela, combine o chocolate com a manteiga e leve para o banho-maria. Cuidado para que em nenhum momento pingue água no chocolate: isso fará com que ele desande. Quando derreter, retire do fogo de deixe esfriar por 10 minutos.

2 Bata as gemas com o açúcar em uma batedeira até ficar um creme clarinho. Esse processo demora uns 10 minutos. Leve as gemas ao banho-maria e cozinhe por 5 minutos, batendo sempre com um fouet (batedor de arame). Transfira para a tigela com o chocolate, misture e reserve.

3 Com a batedeira limpa e bem seca, bata as claras em neve. Misture com o chocolate cuidadosamente para não perder a aeração das claras.

4 Molhe os biscoitos levemente no leite. Quebre os biscoitos na mão e disponha no fundo de taças ou copos. Faça camadas de chocolate e de biscoito até terminarem os ingredientes.

5 Leve a geladeira por no mínimo 6 horas antes de servir.

8 maçãs
1 xícara de açúcar de confeiteiro
1 colher (sopa) de canela em pó

MAÇÃ ASSADA

Não tem coisa mais simples de fazer do que esta sobremesa! Quando assadas, as maçãs perdem um pouco de água e ficam ainda mais docinhas e apetitosas. A combinação de sabores clássica com o açúcar e a canela é uma delícia!

Rende 4 porções

1 Umedeça as maçãs com água e disponha-as em uma assadeira. Polvilhe metade do açúcar sobre elas.

2 Leve ao forno preaquecido a 180 °C por aproximadamente 35 minutos, até dourar e a casca da maçã ficar meio enrugadinha.

3 Retire do forno e polvilhe o restante do açúcar e a canela.

Esta receita fica ótima acompanhada de sorvete de baunilha ou de chantili e algumas nozes picadas.

Fiz este bolo recentemente para o aniversário do meu pai. Só que, em vez de servi-lo simples, recheei com doce de leite, cobri com chantili e joguei pé de moleque quebrado para decorar e dar aquele sabor gostoso de amendoim. Foi um sucesso.

3 ovos

1½ xícara de açúcar

150 g de manteiga

2 xícaras de farinha de trigo

1 xícara de amido de milho

1 colher (sopa) rasa de fermento químico em pó

1 xícara rasa de leite integral

¼ de xícara de leite + 1 colher (sopa) de açúcar (para molhar o bolo recém-saído do forno)

BOLO SIMPLES

Não tem glamour nenhum, eu sei, mas é bom justamente porque é simples e tem certo tom saudosista, pois foi a primeira receita que fiz na minha vida. Me lembro de raspar a vasilha da batedeira, de comer a massa ainda crua, de regar o bolo ainda quente com uma xícara de leite com açúcar para ficar bem molhadinho... Parece que foi ontem.

Rende 4 porções

1 Na batedeira, bata os ovos, o açúcar e a manteiga. Reserve.

2 Em uma tigela, misture a farinha de trigo com o amido de milho e o fermento.

3 Diminua a velocidade da batedeira e acrescente alternadamente a mistura de farinha de trigo e o leite. Assim que incorporar bem, bata por mais 1 minuto.

4 Unte uma fôrma com manteiga e polvilhe com farinha de trigo. Despeje a massa: ela ficará um pouco líquida, não se assuste.

5 Leve ao forno preaquecido a 180 °C por 25 minutos.

6 Ao tirar do forno, despeje colheradas de leite misturado com açúcar no bolo ainda quente. Isso fará com que ele fique bem cremoso.

7 Deixe esfriar, desenforme e sirva.

sobremesas

15 xícaras de água
½ xícara de sagu
3 xícaras de suco de uva integral
4 colheres (sopa) de açúcar
1 canela em pau

SAGU DE UVA

Quando pensei em fazer um livro de receitas, quis reunir o maior número de experiências possível, como quando provei o melhor sagu da minha vida. Foi em Bento Gonçalves, na região vinícola do Rio Grande do Sul. Tão bom que chega a dar saudade!

Rende 4 porções

1   Em uma panela, adicione 3 xícaras de água e o sagu. Deixe ferver e retire o sagu (repita esse processo 5 vezes, sempre lavando muito bem em água corrente para retirar o excesso da goma). Reserve.

2   Ferva o suco de uva com o açúcar e a canela em pau. Após levantar fervura, adicione o sagu e deixe cozinhar até ficar macio.

No Sul do país, esta sobremesa é servida com um creme anglaise (à base de ovo e leite) por cima. Fica maravilhoso sentir a textura do sagu com a cremosidade e o sabor do creme anglaise.

3 ovos, claras e gemas separadas

6 colheres (sopa) de açúcar

250g de queijo mascarpone

1 caixa de biscoito tipo champanhe

2 colheres (chá) de café solúvel em pó dissolvidas em 1 xícara de água ou

1 xícara de café forte

1 xícara de chocolate em pó

TIRAMISÙ

Além da cebola, outro sabor que eu odiava era o amargor do café. Mas a minha bronca não se restringia ao paladar. Enquanto para a maioria das pessoas o café dá vigor e energia, para mim o efeito era justamente o contrário: eu ficava zen. E esse negócio de ser zen nunca foi a minha praia, gostava do agito. Que bom que cresci e tudo isso passou. Amo café, ainda mais na sobremesa!

Rende **4** porções

1   Em uma tigela, misture as gemas e o açúcar. Leve ao banho-maria, mexendo sempre muito bem com um fouet (batedor de arame) até cozinhar a gema e dissolver todo o açúcar. O ponto certo é quando a mistura ficar levemente espumosa. Esse processo deve demorar por volta de 10 minutos. Tire o recipiente do banho-maria e leve para o gelo para interromper o cozimento. Junte o mascarpone.

2   Bata as claras em neve. Junte com o mascarpone, misturando delicadamente. Reserve.

3   Numa travessa, espalhe uma camada do creme de mascarpone. Molhe os biscoitos no café e disponha sobre o creme. Alterne essas camadas até utilizar todos os ingredientes. Alise a superfície com o auxílio de uma espátula.

4   Leve à geladeira por no mínimo 3 horas. Antes de servir, polvilhe o chocolate em pó.

sobremesas

AGRADECIMENTOS

Meus agradecimentos começam na infância: ao Paulo Cesar, vulgo PC, cozinheiro do Gosto com Gosto, que me acompanhou nas primeiras aventuras dentro da cozinha; aos organizadores do concurso gastronômico de Visconde de Mauá, evento que me deixou mais próximo dos grandes chefs; aos meus pais, pelo esforço que fizeram ao pagar uma faculdade cara para que eu tivesse a melhor das educações.

Agradeço ao chef Vitor Sobral, por ter sido um carrasco no momento em que eu precisava de rédeas; ao meu amigo Ricardo Bonomi, por sempre ter compartilhado seu conhecimento comigo, aos brothers de vida e televisão, Guga Rocha e Carlos Bertolazzi.

Agradeço também as oportunidades que tive no programa *Mais Você*, minha porta de entrada na televisão. Agradeço aos dirigentes do canal Fox, por terem acreditado no meu potencial e serem parceiros incríveis durante longos anos, e aos diretores da TV Record, por terem aberto as portas da emissora para mim e mostrado o mundo de possibilidades que existe dentro de um programa de televisão.

ÍNDICE

Aves
Cozinhadinho 91
Frango com cerveja 103
Frango crocante com
  spätzle 100
Galinha de cabidela 92
Robata de frango 27

Carnes
Angu com ragu de linguiça 32
Barriga de porco assada 107
BBQ ribs 99
Carne de sol 96
Filé com molho de mostarda 76
Mexidão do Gosto 50
Ossobuco milanês 71
Peito de boi com molho de
  pimentão 68
Picadinho de carne 46
Rabada dos deuses 53
Steak au poivre 75

Steak tartare 24
Vaca atolada 49

Chocolate
Brownie 175
Charlotte da Silvia 179
Petit gâteau 168
Profiteroles com calda de
  chocolate 160
Tiramisú 187

Doces
Biscoitinhos com
  doce de tomate 172
Bolo simples 183
Cookie de banana com aveia 167
Crumble de maçã 171
Doce de leite do
  Gosto com Gosto 164
Maçã assada 180
Massa de churros 163

Quindim 176
Sagu de uva 184

Massas e risotos
Espaguete com molho de
  cogumelos 87
Pad Thai 95
Panqueca da Estufa 82
Ravióli recheado com mozarela de
  búfala 67
Risoto de limão-siciliano 129
Risoto de shitake 130
Risotto alla milanese 126

Molhos
Béarnaise 137
Bechamel 146
Bisque de camarão 155
Bolonhesa 156
Bordelaise 151
Demi-glace 150
Espagnole 142
Hollandaise 136
Mostarda 141
Queijos 144-45
Tomate clássico 140
Velouté de frango 152
Vinho branco 147

Peixes e frutos do mar
Abóbora camaranga 54
Bacalhau com farofa de broa 78
Escondidinho de camarão 40
Lula recheada com farofa de
  shimeji 62
Marinado baiano 28

Peixe thai 88
Salmão com ervas 64
Taquitos de camarão 43
Tartar de atum 23
Tartar de salmão 20
Truta na manteiga de alcaparra 84
Truta oriental com espaguete de
  pupunha 72
Vieira com creme de batata-doce
  e farofa de limão 58

Petiscos
Bruschetta de cogumelo
  com feta 16
Bruschetta de tomate e
  manjericão 19
Buffalo wings 31
Empadinha de frango 35
Pastel integral assado da
  Marthinha 39
Pastel napolitano 36
Quiche de calabresa com
  erva-doce 57

Vegetais
Cuscuz paulista 104
Esparregado 122
Farofa de banana 121
Feijão do Paulinho 118
Purê de abóbora 133
Purê de batata 125
Salada de manga
  apimentada 117
Salada de melancia 114
Salada de quinoa com abacate
  e tomate 113
Salada som tam 110

Compartilhe a sua opinião sobre este livro usando a hashtag **#PorAmorAoSabor** nas nossas redes sociais:

/EditoraAlaude
/EditoraAlaude
/AlaudeEditora